Jochum · Die Sendung des Paulus

Uwe Jochum

Die Sendung des Paulus

Politik der Umkehr

Ferdinand Schöningh

Paderborn · München · Wien · Zürich

angelicae coronae

Bibliographische Information der Deutschen Nationalbibliothek

Die Deutsche Nationalbibliothek verzeichnet diese Publikation in der Deutschen Nationalbibliographie; detaillierte bibliographische Daten sind im Internet über http://dnb.d-nb.de abrufbar.

Verlag Ferdinand Schöningh GmbH & Co. KG Jühenplatz 1, D–33098 Paderborn

Internet: www.schoeningh.de

Einbandgestaltung: Anna Braungart, Tübingen
unter Verwendung des Bildes »Die Berufung des Paulus« von Michelangelo da Carravaggio

Printed in Germany
Herstellung: Ferdinand Schöningh GmbH, Paderborn

ISBN 978-3-506-76549-9

Inhalt

I Einleitung

Radikale Immanenz ist das Signum unseres Zeitalters: Kaum noch jemand wird Gott oder andere übernatürliche Instanzen für das verantwortlich machen wollen, was uns an Gutem und Bösem widerfährt, aber nahezu jeder wird es für unmittelbar einleuchtend halten, daß wir das, was uns widerfährt, mit wissenschaftlichen Mitteln aufklären müssen, um es in Zukunft besser herbeiführen oder besser abwenden zu können. Zu diesen wissenschaftlichen Mitteln gehört zweifellos ein immer umfänglicher werdendes technisches Instrumentarium, mit dessen Hilfe wir einerseits der Natur auf die Schliche kommen und uns andererseits vor ihr schützen oder mit ihr verbünden wollen. Zu diesen wissenschaftlichen Mitteln gehört ebenso zweiffellos aber auch eine technische Sprache, die uns allererst ermöglicht, Natur so zu analysieren, daß sie sich bearbeiten läßt und in Maßen dann auch herstellbar wird.

Der ungeheure Erfolg von technischem Instrumentarium und technischer Sprache hat weithin dem Eindruck Vorschub geleistet, es sei damit der Kreis unseres Weltverhältnisses ausgemessen, so daß wenig mehr zu tun bleibe als eine stetige Verbesserung der instrumentellen und diskursiven Techniken. Dazu gehört, daß man die wissenschaftliche Sprache streng auf den Aspekt ihres Nutzens für Analyse, Bearbeitung und Herstellung von Natur reduziert, indem man nicht nur eine möglichst redundanzfreie Fachsprache schafft, sondern auch die Regeln zur Produktion fachsprachlich richtiger Sätze methodisch kontrolliert, um auf diese Weise zwischen wahren und falschen Sätzen exakt unterscheiden und die Ausbeute wahrer Sätze maximieren zu können. Das Ideal dieses in der Neuzeit seit Leibniz propagierten Verfahrens ist die Formel, die, wenn sie auch nicht »das Sein im Ganzen« enthüllt, so doch wenigstens verrät, was man tun muß, um zu nutzbaren Resultaten zu kommen.

Die Vorteile einer solchen Reduktion wissenschaftlicher Sprache sind evident. Erstens ist das methodisch kontrollierte Verfahren zur Produktion richtiger Sätze selbst wiederum technisch implementierbar und damit vom fehlerhaften Denken des Menschen aus Fleisch und Blut ablösbar, so daß an dessen Stelle hinfort Maschinen die Arbeit der zeichen- und satzförmigen Berechnung und Bearbeitung von sprachlich dargestellter Welt übernehmen können; das eben ist eines der Versprechen, mit denen der Computer lockt. Zweitens verschafft uns die technisch kontrollierte und auf Formeln reduzierte Sprache eine ungeahnte Sicherheit, denn wir bewegen uns in ihr in einem Raum selbstgeschaffener Zeichensymbolik, die ganz offensichtlich gleichwohl in der Lage ist, Welt zu manipulieren; damit entfällt die Zumutung einer Welt, die unbegreiflicherweise sich uns einerseits entzieht (wir wissen nicht, was sie im Innersten zusammenhält) und uns andererseits mit aller Macht überwältigt.

Der Preis, der für diese Sicherheit zu zahlen ist, scheint unerheblich. Er besteht darin, daß wir uns in eine technische Welt einschließen, die alles, was jenseits der Grenze technischer Kontroll- und Manipulationsverfahren liegt, als uneigentliche Wirklichkeit von sich schiebt: hier, im Raum der technischen Welt, wird durch methodisch kontrollierte Zeichenbearbeitung Wahrheit erzeugt und Welt bestellt; dort aber, im Raum jenseits der technischen Welt, herrscht der Schein. Mag sein, daß es ein ästhetischer Schein ist, der uns die Schönheit der Welt vorgaukelt; mag sein, daß es ein theologisch-philosophischer Schein ist, der uns eine Transzendenz vortäuscht — immer ist und bleibt es eine Schein-Welt, deren Bestehen man nur zu gerne auf ein System menschlicher Bedürfnisse zurückführt, um in der methodisch kontrollierten Analyse der Bedürfnisse die Schein-Welt alsbald zum Verschwinden zu bringen.

Die Strategien dieses Verschwindenlassens sind uns nur allzu bekannt: der schöne Schein kann als Komplement ökonomischen Verbrauchs verstanden werden oder als psychologischer Fluchtmechanismus vor den Zumutungen eines Realitätsprinzips, und der theologisch-philosophische Schein wird interpretiert als offene Projektionsfläche des in seinem Sein immer gefährdeten Wesens namens Mensch, das sich in der Transzendenz eine bessere Welt ausmalt, in der es endlich einmal ungefährdet sein könnte. Den Rest, der bei diesem Versuch, die Schein-Welt verschwinden zu lassen, allenfalls noch übrig bleibt, kann man nicht erst seit Wittgensteins *Tractatus* als »das Mystische« verbuchen, über das nichts weiter zu sagen ist.

Tatsächlich schließt diese technische Welt damit genau das aus, was man einst für die Bedingung der Möglichkeit von Wahrheit gehalten hat: daß sie sich offenbart, daß sie, man weiß nicht wie, aus der Transzendenz in die Immanenz einschlägt und die Welt in einem neuen Licht erscheinen läßt. Dieser Ausschluß von Transzendenz bzw. ihr Abdrängen ins unsagbar Mystische läßt nun aber endlich den eigentlichen Preis erkennen, den die technische Welt für ihr Sicherheitsbedürfnis zu zahlen hat: wo alle Wahrheit über methodisch kontrollierte Verfahren der Zeichenmanipulation generiert wird und diese Verfahren niemals die Zone ihres schieren Funktionierens überschreiten dürfen, wenn sie nicht zu Unsinn führen sollen, da kann es Wahrheit nur noch als Richtigkeit des

Verfahrens, nicht mehr aber als Enthüllung eines ungeahnt Neuen geben.

Natürlich leidet die technische Welt immer schon darunter, daß sie ihr Versprechen auf grenzenlose Sicherheit nicht einlösen kann. Denn ebendas, was sie so erfolgreich jenseits ihrer Grenzen verbannt hat, überwindet diese Grenzen immer wieder und macht sich als eine urwüchsige Natur geltend, die mit zerstörerischer Gewalt in den technisch gehegten Raum einbricht. Woraufhin der gesunde Menschenverstand noch mehr Technik fordert und fördert, um die Grenze unüberwindlicher zu machen, nur um festzustellen, daß, je höher er den Grenzzaun zieht, desto gewaltsamer die Natur den Zaun überwindet — und so weiter in infinitum.

Aber dieser Prozeß einer sich historisch aufschaukelnden Dialektik von Grenzziehung und Grenzüberwindung ist nur die Außenseite eines Vorganges, der die technische Welt in ihrem tiefsten Innern betrifft. In diesem Innern stellt sich die Frage nach der Wahrheit der technischen Welt, einer Wahrheit, die nun nicht mehr einfach nach den geltenden Verfahren fragt und darauf schaut, ob sie funktionieren, sondern einer Wahrheit, die wissen will, warum die Verfahrenstechniken gelten und wodurch sie legitimiert sind. Von dieser Wahrheit haben technische Welt und gesunder Menschenverstand keinen Begriff, denn um zu diesem Begriff zu kommen, muß man die Oberfläche des technischen Funktionierens verlassen und hinab- oder hinaufsteigen zu einer Wahrheit, von der aus die Geltung der Verfahrenstechniken eingesehen werden kann. Mit Kant zu sprechen: »die Bedingung der Möglichkeit« der technischen Welt kann nicht innerhalb der technischen Welt liegen.

Will man daher über die Wahrheit der technischen Welt sich Klarheit verschaffen, muß man sich gegen die Strategie des gesunden Menschenverstandes wenden, diese Frage als Torheit zu brandmarken, die nur in ein intersubjektives Niemandsland führen könne, wo »Mystisches« aller Art als unsagbar Gefühliges haust.

Ebendiese Wendung hat der Apostel Paulus vor bald zweitausend Jahren vollzogen, als er »das Wort vom Kreuz« als eine »Torheit« bezeichnete, die als »Torheit Gottes« freilich weiser sei als alle menschliche Weisheit.[1] Die »Torheit Gottes« denken, das hieße: die Wahrheit wirklich als ein Ereignis betrachten, das jenseits aller Verfahrenstechnik angesiedelt ist und deshalb die Geltung gewohnter Gesetze in Frage stellt, um uns mit einem qualitativ Neuen zu konfrontieren, das in unsere Welt einbricht und als »Wort« dennoch sagbar bleibt (Kapitel I: Wahrheit). Der Einbruch des sagbaren qualitativ Neuen in unsere Welt stellt freilich den, der das Neue sagt, vor das Problem, wie dieses Neue beglaubigt werden kann, um von anderen verstanden und aufgenommen zu werden (Kapitel II: Gemeinschaft). Wo aber das Neue verstanden und aufgenommen wird, da gibt es die Chance, daß die Gemeinschaft, die das Neue zu ihrer Sache macht, auch ein neues Verhältnis zur Geschichte ausbildet, in der sie sich als Gemeinschaft formt (Kapitel III: Geschichte). Dieses neue Verhältnis ist zuletzt dadurch gekennzeichnet, daß es das Begehren überwindet und in dieser Überwindung zu dem findet, was für Paulus das zentrale Moment des Christentums ist: der liebende Tausch (Kapitel IV: Die andere Ökonomie). Dann wäre die radikale Immanenz durch eine radikale Transzendenz überwunden, die die Immanenz sein läßt.

[1] 1 Kor 1,18.25.

II Wahrheit

1 Gesetz

Folgt man einer gängigen Auffassung, ist Wahrheit dann gegeben, wenn unsere Begriffe den Gegenständen, auf die sie zielen, angemessen sind. Damit werden zunächst zwei Bereiche ausgezirkelt, der Bereich des Subjekts, das über ein Vermögen zu Begriffen verfügt, und der Bereich des Objekts, auf das sich die Begriffe beziehen. Diese Auszirkelung führt dann freilich zu dem Problem, wie man den Bezug von Subjekt und Objekt denken soll, wenn man sicherstellen will, daß die vom Subjekt bereitgestellten Begriffe das Objekt auch wirklich treffen und nicht an ihm vorbeischießen, um uns in diesem Vorbeischießen ein Schein-Objekt vorzugaukeln, das es in Wahrheit gar nicht gibt. Die Antwort auf dieses Problem liegt seit Aristoteles darin, das, was uns an Objekten begegnet, zu analysieren, womit gemeint ist: das jeweilige Objekt in seine einfachsten Elemente aufzulösen, denen einfachste Begriffe korrespondieren, so daß die Frage nach der Wahrheit des Objekts als Frage nach der Wahrheit der objektkonstituierenden einfachsten Elemente bzw. der ihnen entsprechenden einfachsten Begriffe gefaßt werden kann.

Dieses Verfahren ist deshalb so verlockend, weil es die Möglichkeit bietet, die Analyse der Objekte als Analyse der Begriffe durchzuführen, indem man die einfachsten Begriffe so ordnet, daß sie ein widerspruchsfreies System bilden, aus dem die komplexen Begriffe generiert werden können. Gelänge das, wäre die Wahrheit der komplexen

Begriffe ein unmittelbarer Effekt der Wahrheit der zugrundeliegenden einfachsten Begriffe, und man müßte dann nur noch dafür sorgen, daß die Generierung der komplexen aus den einfachsten Begriffen methodisch sicher erfolgt, wofür, wiederum seit Aristoteles, eine eigenständige wissenschaftliche Disziplin zuständig ist: die Logik, deren Schlußverfahren garantieren sollen, daß die komplexen aus den einfachen Begriffen bewiesen werden können.

Ganz offensichtlich hängt dieses Verfahren davon ab, ob es gelingt, die Geltung der einfachsten Begriffe plausibel zu machen. Und ebenso offensichtlich kann die Plausibilität ebendieser einfachsten Begriff nicht über das Schlußverfahren erzeugt werden, weil die einfachsten Begriffe als Ausgangspunkte des logischen Schließens Setzungen (θέσεις) sind, die man nicht beweisen kann,[1] die aber dennoch für die Wahrheit der Schlußverfahren ausschlaggebend sind, insofern ein Schlußverfahren, das von unwahren Prämissen ausgeht, selbst bei methodisch richtigem Schließen notwendigerweise zu einem falschen Ergebnis führt.[2]

Daß die Ausgangspunkte des Schlußverfahrens unbeweisbare »Setzungen« sind, heißt freilich gerade nicht, daß man sie willkürlich wählen könne. Vielmehr sind diese Ausgangspunkte als erste Prinzipien der Erkenntnis — Aristoteles nennt sie »Archai« (ἀρχαί)[3] — in einer Weise gegeben, die sich als »evident« charakterisieren läßt:[4] sie begründen das Schlußverfahren, indem sie Anfangspunkte markieren, die unvermittelt einsichtig und wahr

[1] Aristoteles: *Analytica posteriora*, 72 a 14 ff.
[2] ebd., 72 a 25 ff.
[3] ebd., 72 a 36 f.
[4] Ich stütze mich hier und im Folgenden auf Picht: *Der Begriff der Natur*, S. 95 ff.

sind.[5] Wenn Aristoteles den Ort, an dem diese anfängliche Evidenz im Menschen aufleuchtet, »Vernunft« (νοῦς) nennt,[6] dann meint er damit ebenjenes oberste Erkenntnisvermögen, von dem zwar jeder wissenschaftliche Erkenntnisprozeß (ἐπιστήμη) abhängt, das selbst aber nicht Gegenstand wissenschaftlicher Verfahren werden kann. Kurz, in den obersten Prinzipien der Erkenntnis, die sich in der Vernunft als anfängliche Evidenz melden, zeigt sich uns die Wahrheit jener einfachsten Strukturmomente, aus denen unsere Welt aufgebaut ist.

Dann muß man freilich immer noch sehen, wie es zugeht, daß in der Vernunft Evidentes in der Weise als wahr aufleuchten kann, daß wir daraus tatsächlich den Aufbau unserer Welt rekonstruieren können. Denn es wäre ja immer noch möglich, daß wir Dinge für evident wahr halten, die es gar nicht sind, so daß die Welt, die wir aus diesen Scheinevidenzen uns zusammensetzen, eine Scheinwelt ist, die mit der wahren Welt nichts zu tun hat. Was also fehlt, ist der Übergang zwischen dem, was uns als evident wahr erscheint, und der wahren Welt.

Diesen Übergang stellt Aristoteles dadurch her,[7] daß er die Tätigkeit der Vernunft (νόησις) nicht nur zum evidenten Ausgangspunkt (ἀρχή) der Schlußverfahren macht, sondern daß er die Vernunft (νοῦς) für das höchste Seiende selbst (οὐσία) hält, für den unveränderlich und ewig existierenden Gott, der sich denkend verwirklicht und darin Leben schafft. Wenn wir daher in unserem Denken auf evidente Ausgangspunkte stoßen, dann sind wir damit auf jene göttliche Vernunft orientiert, die den Kosmos in Bewegung hält. Unsere Vernunft ist in Wahrheit also kein

[5] Aristoteles: *Analytica posteriora*, 71 b 21 f.

[6] Zu den Erkenntnisvermögen insgesamt s. Aristoteles: *Eth. Nic.*, VI,3–7.

[7] Aristoteles: *Metaph.*, XII,7.

subjektives Vermögen, das fehl gehen könnte, sondern ist jene Vernunft Gottes, in der die Denktätigkeit und die Struktur des Kosmos zusammenstimmen.

Natürlich wird heute kaum noch ein Wissenschaftler die theologischen Voraussetzungen dieses aristotelischen Modells von Wahrheit teilen wollen. Aber das wird ihn nicht hindern, ein Verfahren, das von evident wahren Prämissen auf dem sicheren Weg der Logik zu beweisbaren Schlüssen gelangt, für selbstverständlich zu halten. Der Verzicht auf die theologische Fundierung der Evidenz stellt aber von Grund auf in Frage, inwiefern die Evidenz dann überhaupt noch in der Lage sein kann, die Brücke zur Welt, wie sie ist, zu schlagen.

Tatsächlich wird dieser Brückenschlag auch gar nicht mehr für nötig gehalten: Die Evidenz wird für gewöhnlich als ein subjektives Erlebnis betrachtet, das nichts weiter als den zufällig-individuellen Anfangspunkt wissenschaftlicher Theoriebildung markiert, die sich damit zufrieden gibt, wenn die auf zufällig-individuelle Weise entstandene Theorie an der Empirie überprüft wird; eine Theorie, die diesen empirischen Test besteht, darf als vorläufig bewährt betrachtet werden, während eine Theorie, die an der Empirie scheitert, als widerlegt gilt.

So nüchtern diese moderne Auffassung in ihrer Subjektivierung von Evidenz sich auch geben mag, sie zehrt doch immer noch von einer theologischen Voraussetzung, nämlich der fraglosen Geltung der Logik. Dabei geht es nicht alleine darum, daß die Annahme, die Logik sei in der Lage, Strukturmomente der Welt abzubilden, nur dann sinnvoll ist, wenn man wie Aristoteles davon ausgeht, daß es einen Zusammenhang zwischen logischem Verfahren und Welt gibt und diesen Zusammenhang in den vorlogischen und empirisch unerreichbaren Bereich der Transzendenz verlegt. Es geht vielmehr auch darum, daß der der Logik inhärente Zwang des gültigen Schließens nur solange eine Notwendigkeit ist, als man von der Prämisse ausgeht, daß ein gültiger Schluß mehr und Besseres über die Welt aussagt als ein ungültiger.

Ebendiese Prämisse hatte Aristoteles dadurch gesichert, daß er den unveränderlich und ewig existierenden Gott für notwendig erachtete, weil es ohne ihn keinen Kosmos geben würde,[8] womit, wegen der Gleichursprünglichkeit von Kosmos und Vernunft, gewährleistet war, daß die Notwendigkeit unserer logischen Schlüsse nicht fehl geht: sie finden ihren Grund letztlich in der Notwendigkeit Gottes, durch die Vernunft (νοῦς) und Natur (φύσις) zusammengehalten werden. Daß wir also etwas beweisen können, ist für Aristoteles nicht in der subjektiven Leistung eines Individuums gelegen, sondern darin, daß sich in der Beweisbarkeit immer schon die Notwendigkeit von etwas enthüllt und ebendiese Notwendigkeit sich in den evidenten Archai zu Wort meldet.[9]

Gibt man, wie es in der Neuzeit geschieht, die in Gott gestiftete Gleichursprünglichkeit von Natur und Vernunft und damit die theologische Fundierung der Logik auf, kann sich in den Schlußverfahren keine welthaltige Notwendigkeit mehr enthüllen. Vielmehr stellen die Schlußverfahren nur noch ein Set operationaler Regeln dar, deren Notwendigkeit alleine auf der Seite der Wissenschaft treibenden Subjekte zu verbuchen ist: sie benutzen jetzt Denkgesetze, deren Charakter als Gesetze nicht mehr ontologisch gesichert ist, so daß man nur noch hoffen kann, daß die Denkgesetze auch in der Lage sind, etwas über die Welt auszusagen. Diese ontologisch ungesicherte Hoffnung stellt man dann auf ein soziologisches Fundament, indem man die Denkgesetze durch den bisherigen Gang

[8] ebd.

[9] ebd., V,5 zum Problem der Notwendigkeit.

der Wissenschaft nicht nur als bewährt und damit als kompatibel mit der Subjektivierung der Evidenz betrachtet, die gleichfalls nur noch bewährte (statt ein- für allemal wahre) Theorien kennt; vielmehr werden die Denkgesetze nun auch zu einem sozialen Mechanismus, der es erlaubt, die Wissenschaft von der Personalseite her zu stabilisieren, indem man die Wissenschaftler zur Befolgung der einschlägigen Denkregeln verpflichtet und bei Zuwiderhandlung mit Exkommunikation droht und diese im Bedarfsfall auch vollzieht.[10] Kurz, aus der ontologischen ist eine soziale Gesetzesnotwendigkeit geworden, die ihre ontologische Ungesichertheit durch den sozialen Zwang zur Befolgung von Denkgesetzen kompensiert und diesen Zwang dadurch versüßt, daß die Wissenschaft treibenden Subjekte ein globales Projekt voranzubringen meinen, das mit immer neuen Erfolgsmeldungen zu belegen scheint, wie weit man es durch den Verzicht auf Ontologie doch bringen kann.

Dabei enthüllt der Schritt von der ontologisch zur sozial motivierten Gesetzesnotwendigkeit, worum es bei der Frage von Gesetz und Notwendigkeit im Grunde geht: um Zwang. Dieser tritt eben dann besonders deutlich hervor, wenn wir davon ausgehen, daß die Art und Weise, wie wir über die Welt sprechen und wie wir sie in Theorien zwingen, jetzt nicht mehr durch Eigenschaften der Welt »an sich« vorgegeben, sondern Effekt ebenjener Beschreibungsnotwendigkeiten ist, die sich nicht nur als soziale Konstrukte zur Bewältigung widerstrebender

[10] Das zeitgenössisch vielleicht prominenteste Beispiel einer solchen Exkommunikation ist Paul Feyerabend, der nicht müde wurde, die prekären Voraussetzungen des modernen Wissenschaftsverständnisses öffentlichkeitswirksam zu kritisieren. Seine öffentliche Geltung verhielt sich schließlich umgekehrt proportional zu seinem wissenschaftlichen Ansehen.

Umwelten zeigen, sondern auch den sich durchsetzenden tonangebenden Beschreibungskonstrukteuren soziale Vorteile verschaffen.

Daß der Zwang freilich schon hinter der ontologisch motivierten Gesetzesnotwendigkeit steht, läßt sich daran erkennen, daß man seit Aristoteles auf eine Gleichursprünglichkeit von Natur und Vernunft setzen muß, wenn man erklären will, warum unsere Logik welthaltig ist, und daß man diese Gleichursprünglichkeit wiederum für notwendig erachten muß, wenn man nicht zufällige Überlagerungen von Vernunft und Kosmos annehmen will. Also ist in Wahrheit nicht Gott der heimliche Konvergenzpunkt von Natur und Vernunft, sondern die Notwendigkeit, und genau so hat es Aristoteles in aller Deutlichkeit auch gesagt: der evidente Ausgangspunkt (ἀρχή) ist nur, insofern er mit Notwendigkeit (ἀνάγκη) existiert.[11]

Fragt man nun, welche Notwendigkeit es gibt, diese Notwendigkeit zu akzeptieren, kann die Antwort nur lauten: die Notwendigkeit verschafft uns Zugang zu einer Welt, in der wir mittels Gesetzen die Natur in ihrer Einheit beschreiben können. Ob diese Einheit als eine von Ewigkeit her invariante oder als eine historisch sich verändernde Einheit beschrieben wird, spielt dabei keine Rolle; entscheidend ist, daß wir überhaupt nur dann, wenn wir eine solche Einheit annehmen, in die Lage versetzt werden, Natur zu erkennen. Denn ohne die vorausgesetzte Einheit der Natur bliebe Natur nichts weiter als ein undurchschaubar-chaotisches Aggregat von Zuständen, die möglicherweise als individuelle Zustände beschreibbar wären, jedoch niemals als Vorgänge, die notwendig so ablaufen, wie sie ablaufen, weil sie Gesetzen unterliegen. Mit Kant zu sprechen: für uns liegt die Möglichkeit von Erfahrungen darin, daß wir der Natur unterstellen,

[11] ebd., XII,7; 1072 b 10.

sie gehorche Gesetzen; und diese Unterstellung ist selbst vor aller Empirie die nicht-empirische Bedingung a priori dafür, daß wir Natur überhaupt erkennen können, so daß man sagen muß: unser im Modus der Notwendigkeit operierender Verstand schöpft seine Gesetze nicht aus der Natur, sondern schreibt sie der Natur vor.[12]

Was der Natur damit vorgeschrieben wird, ist allerdings nicht einfach ihr gesetzeskonformes Funktionieren, sondern im Grunde die ewige Repetition des Vergangenen. Das liegt daran, daß wir, wie Aristoteles bemerkt hat,[13] Erfahrungen nur dann sammeln können, wenn wir uns an das jeweils Erfahrene auch erinnern. Freilich ist dabei zu unterscheiden, ob wir unsere Erfahrungen nicht weiter reflektieren — so daß wir aus der Erinnerung zwar wissen, *wie* etwas zu tun ist, aber nicht, *warum* —, oder ob wir aus der Reflexion des Erfahrenen allgemeine Annahmen über die Ursachen und Wirkungen des Erfahrenen gewinnen und also über das Wie und Warum Rechenschaft geben können. Rechenschaft abgeben zu können, indem wir vom Zufälligen abstrahieren und das Allgemeine des Erfahrenen benennen, heißt für Aristoteles, über einen Logos (λόγος) zu verfügen, der nicht nur in der Lage ist, das Erfahrene nun selbst durch handwerklich-technische Kompetenz (τέχνη) hervorzubringen, sondern der auch im Rahmen von Wissenschaft (ἐπιστήμη) gelehrt und gelernt werden kann. Was in der Wissenschaft als Logos gelehrt und gelernt wird, kann dem Zufälligen, von dem ja ausdrücklich abstrahiert wurde, nicht zuzurechnen sein,

[12] Siehe den bekannten Satz: »der Verstand schöpft seine Gesetze (*a priori*) nicht aus der Natur, sondern schreibt sie dieser vor.« Kant: *Prolegomena*, § 36 (im Orig. gesperrt).

[13] Das Folgende rekapituliert den Gedankengang von Aristoteles: *Eth. Nic.*, VI,3–7 und Aristoteles: *Metaph.*, I,1–2; 980 a 21–983 a 23. Meine Auslegung dieser Abschnitte folgt Picht: *Wahrheit, Vernunft, Verantwortung*, S. 36 ff. u. S. 281 ff. und Jochum: *Information*.

sondern alleine dem Allgemeinen, das sich nur so und nicht anders verhalten kann. Etwas aber, das sich nur so und nicht anders verhalten kann, ist notwendigerweise so, wie es ist; und was mit Notwendigkeit so ist, wie es ist, ist das Unveränderliche und Ewige, das außerhalb der Zeit steht.[14] Mit anderen Worten: Das Allgemeine, auf das die Wissenschaft zielt und das im Logos benannt wird, ist das nicht in der Zeit zu findende Ewige, von dem wir freilich nur wissen, weil es in der Zeit in Zufälligem erscheint.

An dieser Stelle muß man auf den Anfang des aristotelischen Gedankens zurückblicken und den Gedankenkreis noch einmal durchschreiten: Sofern das, was erscheint, Moment unserer Erfahrung werden soll, ist es darauf angewiesen, erinnert zu werden; was wir erinnern, sind in der Zeit stattfindende Erscheinungen des außerzeitlich Ewigen; die Erfahrung, die sich auf diese Weise bildet, ist eine Erfahrung dessen, was als Ewiges notwendigerweise so ist, wie es ist, weil es, wie die Erinnerung zeigt, immer so erschienen ist. Und das heißt: der Logos, der von dieser Art Erfahrung im Rahmen der Wissenschaft Rechenschaft gibt, ist der Logos eines notwendig so seienden Ewigen, wie es in der Vergangenheit bislang immer wieder erschienen ist. Die Neuzeit wird aus dieser Konstruktion zwar die Theologie herauskürzen, aber dabei bleiben, daß das, was in der Wissenschaft als Wahrheit zu gelten hat und in die Form von Gesetzen zu bringen ist, nichts anderes sein kann als das, was nicht anders sein kann; und das ist, wir wissen es, das außerzeitlich Ewige, das notwendigerweise so ist, wie es ist, weil es sich immer schon so gezeigt hat. Man kann es auch so sagen: Wissenschaftliche Wahrheit ist die Wahrheit des Vergangenen, und wissenschaftliche Gesetze schreiben der Natur die stete Wiederholung ebendieses Vergangenen vor.

[14] Aristoteles: *Phys.*, 221 b 3f.

Die Ontologie der Notwendigkeit ist also, genau besehen, eine Ontologie der ewigen Wiederholung des Vergangenen. Nur dank dieser Ontologie, die aufschließt, was immer so erschienen ist, weil es nicht anders sein kann, haben wir die Möglichkeit, durch Gesetze Vorgänge in der Natur zu beschreiben und durch Technik selbst in Gang zu setzen: als Prozesse, die nicht anders sein können und deshalb mit Notwendigkeit ablaufen. Wissenschaft und Technik gelingen daher genau dann, wenn sie mögliche Abweichungen eliminieren und das, was abweichungslos übrig bleibt, in einer Formel so fixieren, daß die Formel maschinell exekutiert werden kann.

Zweifellos ist unsere Welt, in der wir uns so erfolgreich eingerichtet haben, eine Welt, die exakt der Ontologie der Notwendigkeit und ewigen Wiederholung des Vergangenen gehorcht. Daß unsere Welt dabei voller Innovationen steckt, ist nur scheinbar ein Widerspruch zu dieser Ontologie, denn die uns aufgenötigten Innovationen zeigen sich bei genauem Hinsehen als Ausweitungen der Ontologie des Notwendigen und ewig wiederholten Vergangenen auf Bereiche, die zuvor dieser Ontologie noch nicht unterworfen waren und nun technik- und maschinenkonform aufbereitet werden.

Am Anfang dieser Ausweitungen stand die geographische Ausweitung, als die westliche Technik ihren planetaren Siegeszug antrat; worauf die die mikro- und makrokosmische Ausweitung folgte, die sich dank des Computers inzwischen rasant beschleunigt. Und jede dieser Ausweitungen war und ist begleitet von einer auf den Menschen zielenden Inversion der jeweiligen Ausweitung, die sich in einem immer fester werdenden Zugriff der Technik auf den Menschen niederschlägt.[15] Dagegen wäre

[15] Wie sich diese Ausweitung des Zugriffs durch die Neuen Medien darstellt, ist beschrieben in Jochum: *Kritik der Neuen Medien*.

wahrscheinlich wenig zu sagen, wenn dieser Prozeß seine Ermöglichungsbedingungen nicht sukzessive zerstören und in dieser Zerstörung seine Fragwürdigkeit enthüllen würde.

Man erkennt diese Fragwürdigkeit zunächst und am sichtbarsten daran, daß der Zugriff der Technik auf die Natur längst schon begonnen hat, die Ressourcen zu kontaminieren und aufzubrauchen, auf die nicht nur menschliches Leben auf diesem Planeten angewiesen ist. Das heißt nichts anderes, als daß die Ontologie der Notwendigkeit und ewigen Wiederholung des Vergangenen in ihrer technischen Umsetzung die Substanz aufbraucht, von der sie zehrt: Wenn alles, was immer schon so erschienen ist, durch die Technik kontaminiert und zerstört sein wird, wird nichts mehr so erscheinen können, wie es war, bis, bei fortgesetzter Kontamination und Zerstörung, schließlich überhaupt nichts mehr erscheinen kann, weil mit dem Menschen auch der Logos und die Technik verschwunden sein werden, in deren Bezirk alles Erscheinende bislang erschien.

Nun liegt die Zerstörungskraft dieses Prozesses freilich nicht alleine im Zugriff der Technik auf die natürlichen Ressourcen, sondern näherhin darin, daß dieser Zugriff sich von seinen philosophisch-theologischen Begründungen längst emanzipiert zu haben scheint, um weltanschaulich neutral auf dem gesamten Planeten sein vordergründig erfolgreiches Werk verrichten zu können. Tatsächlich ist der technische Zugriff damit aber nur blind für seine eigenen Grundlagen geworden, deren Negation zweifellos die Grundbedingung für die Ausweitung der Zugriffsprozesse darstellt.[16] Aber das heißt doch nur, daß man nicht

[16] Eine historische Analyse besonders der theologischen Grundlagen der technischen Naturaneignung bieten Groh/Groh: *Weltbild und Naturaneignung*.

mehr wissen will, aus welchen Gründen man handelt, solange das, was man tut, Erfolg verspricht.

Der Name für diese Haltung des Desinteresses an und des Unvermögens zu grundlegenden philosophisch-theologischen Gedanken, aus denen die handlungsleitenden Werte und Normen abgeleitet werden, lautet »Nihilismus«.[17] Damit läßt sich die in der Ausweitung der technischen Zugriffsprozesse liegende Zerstörung der natürlichen Ressourcen beschreiben als Effekt des Nihilismus, der in der Negation der obersten Werte die Technik von der Leine läßt und damit suggeriert, ebendiese Technik sei ein wertneutrales Instrument; vergessen ist dabei die Herkunft der Technik aus einer philosophisch-theologischen Konstellation, die an eine Ontologie der Notwendigkeit und ewigen Wiederholung des Vergangenen gebunden ist und ihre Grundbegriffe aus einer Evidenz ableitet, in der sich nichts anderes als die Notwendigkeit zu Wort meldet.

Es gibt keine andere Wahl: Um diesen nihilistischen Zerstörungsprozeß aufzuhalten, müssen wir zu jenen evidenten Ausgangspunkten zurückgehen, deren Notwendigkeit für das griechische Verständnis von Wahrheit außer Frage stand. Tatsächlich ist hier die Notwendigkeit aber nur solange notwendig, als man die Welt unter dem Aspekt des bisher immer so Erschienenen beschreiben will. Mag sein, daß der Wille zu dieser Art von Weltbeschreibung aus dem resultiert, was Nietzsche für den vornehmen Charakter der antiken und besonders der griechischen Welt hielt und einmal beschrieben hat als »das klassische ›Glück‹, die vornehme Leichtfertigkeit und Skepsis, de[n] harte[n] Stolz, die exzentrische Ausschweifung und die kühle Selbstge-

[17] Siehe dazu die bekannte Notiz Nietzsches: »Was bedeutet Nihilismus? — *Daß die obersten Werte sich entwerten.* Es fehlt das Ziel; es fehlt die Antwort auf das ›Warum?‹.« Nietzsche: *Umwertung aller Werte*, S. 470.

nügsamkeit des Weisen, das griechische Raffinement in Gebärde, Wort und Form«.[18]

Man darf dann nur nicht vergessen, daß die Kehrseite dieser von Nietzsche herausgestellten Vornehmheit die in der Antike überall anzutreffende Sklaverei ist, die, auch wenn sie unter sozialen Gesichtspunkten bei weitem nicht so unmenschlich war, wie es populäre Hollywood-Filme bildmächtig ausmalen, die ihr unterworfenen Menschen doch immerhin genug bedrückte, um sie zu Aufständen anzustacheln.[19] Nimmt man dazu noch eine Opferpraxis, die bis in die Zeiten nach Christi Geburt Menschenopfer kennt,[20] wird vollends deutlich, daß das Lob der antiken Vornehmheit, das sich nicht scheut, auf eine Reinstallation der Opferpraxis zu setzen,[21] ein unwürdiger Zynismus ist.

Lassen wir also das Argument von der griechischen Vornehmheit auf sich beruhen und halten wir schlicht fest, daß die den Griechen evidenten Ausgangspunkte, die Archai, nichts weiter beschreiben als eine Welt, die immer schon so erschienen ist und sich, um das immer schon so Erschienene auch in Zukunft zum Erscheinen bringen zu können, der Notwendigkeit beugt. Damit lautet die Kernfrage, ob es eine den evidenten Archai analoge Erfahrung gibt, die nicht zur ewigen Wiederholung des Vergangenen und der Herrschaft der Notwendigkeit führt. Die Antwort auf diese Kernfrage hat Paulus gegeben, als er dem Gesetz und der Notwendigkeit seine Verkündigung

[18] ebd., S. 216.

[19] Zum Phänomen der antiken Sklaverei jetzt Schumacher: *Sklaverei in der Antike*.

[20] Rind: *Menschenopfer*, S. 80–84.

[21] »Die ächte Menschenliebe verlangt das Opfer zum Besten der Gattung — sie ist hart, sie ist voll Selbstüberwindung, weil sie das Menschenopfer braucht.« Nietzsche: *November 1887 bis Anfang Januar 1889*, S. 471.

entgegenstellte, die auf keine Archai zurückgeht, sondern auf den Ruf (κλῆσις) Gottes.[22]

2 Verkündigung

Paulus ist sich des besonderen Status seiner Botschaft bewußt: Schon die Tatsache, daß es sich um eine Botschaft handelt — und noch dazu um eine affektiv und moralisch als »frohe Botschaft« (εὐαγγέλιον) qualifizierte — und nicht um eine Lehre, markiert eine Differenz zu dem, was in griechischen Philosophenschulen verhandelt wird, denn nun geht es nicht mehr um eine diskursive Einholung der affekt- und moralfrei evidenten Archai, sondern um die Ausrichtung einer Botschaft, die nicht zu diskutieren, sondern anzunehmen ist.

Das heißt nichts weniger, als daß Paulus den in der angeblich selbstverständlichen Evidenz sich meldenden Anspruch auf intersubjektive Geltung des Evidenten negiert, um Raum zu gewinnen für eine Botschaft, die er jenseits des Selbstverständlich-Evidenten lokalisiert. Paulus spielt diese Negation in vollem Umfang aus: seine Botschaft ist unter inhaltlichen Gesichtspunkten die denkbar unwahrscheinlichste und lächerlichste (»Christus ist von den Toten auferstanden«) und daher eine »Torheit«,[23] und sie ist, formal gesehen, die Botschaft des Paulus, die im Possessiv (»meine frohe Botschaft«) daherkommt[24] und in Konkurrenz zu anderen Botschaften und Botschaftern steht.[25]

Damit stellt sich die Frage nach dem Status dieser Botschaft: Ist das, was hier ausgerichtet wird, ins subjektive

[22] Röm 1,1; 1 Kor 1,1.
[23] 1 Kor 1,18.23.
[24] Röm 2,16.
[25] 2 Kor 11, 4ff.; Gal 1,6 ff.

Belieben gestellt, oder ist die durchs römische Reich getragene und brieflich zugestellte Botschaft, die, wie Paulus sagt, von Gott bzw. Jesus Christus ausgeht,[26] damit von einer derart göttlichen Kraft, daß die Frage nach dem subjektiven Belieben erst gar nicht aufkommen kann?

Die Antwort des Apostels auf diese Frage liegt darin, den Unterschied zwischen menschlicher und göttlicher Botschaft einzuebnen. Diese Einebnung geschieht freilich nicht von der menschlichen Seite her, sondern von der göttlichen: Menschlich gesehen ist der Inhalt der Botschaft zu töricht, um sich von selbst zu verstehen; und menschlich gesehen ist die Form, in der Paulus seine Botschaft ausrichtet, zu stümperhaft, um durch philosophisch-kluge Rhetorik beeindrucken und überzeugen zu können;[27] statt dessen hängt alles davon ab, daß Paulus eine Gabe (χάρις) zuteil wurde,[28] die ihm erlaubt, seine Botschaft mit Geist (πνεῦμα) und dynamischer Kraft (δύναμις) auszurichten und damit hör- und verstehbar zu machen.[29] Dort, wo die Botschaft erfolgreich aufgenommen wird, wird sie zu einer »dynamischen Kraft Gottes« (δύναμις θεοῦ),[30] die die Hörer in jenen Bereich der Gabe aufnimmt, von der die Botschaft ausgeht.[31]

Natürlich ist das eine Zumutung für den gesunden Menschenverstand. Denn worüber wäre noch zu reden, wenn es keinen argumentativ ausweisbaren Übergang in den von der Botschaft markierten Bereich der Gabe gibt, sondern nur einen an den Menschen ergehenden Ruf, der in dem Augenblick, da er ergeht, den Menschen »aussondert«?[32]

[26] Röm 1,5; 1 Kor 1,1; 2 Kor 1,1; Gal 1,12.
[27] 1 Kor 2,1–4; 2 Kor 11,6.
[28] Röm 1,5; Gal 1,15.
[29] 1 Kor 2,4.
[30] 1 Kor 1,18.
[31] Röm 5,2.
[32] Röm 1,1; Gal 1,15.

Worunter zu verstehen ist, daß der durch den Ruf Ausgesonderte sich nunmehr zu den in der Gabe stehenden »Geretteten« zählen darf, die eben deshalb gerettet sind, weil für sie die Botschaft sich als eine Gotteskraft erweist, während sie für diejenigen, die nicht gerettet werden, eine Torheit ist und bleibt. Zweifellos ist hier das Ende aller vernünftigen Rede erreicht: Wenn sich keine nachvollziehbaren Gründe angeben lassen, warum man diese Botschaft annehmen soll (sie ist ja eine Torheit), und wenn die Annahme der Botschaft als ein aussondernder Ruf geschieht, der ohne argumentativen Grund als Manifestation einer Gotteskraft gilt — dann muß man ganz offensichtlich glauben, daß es so ist; oder man muß es sein lassen.

Tatsächlich liegt die Sache aber komplizierter, als es dem gesunden Menschenverstand scheinen will. Um das zu erkennen, muß man darauf zu sprechen kommen, unter welchen Bedingungen man gemeinhin bereit ist, etwas nicht für eine Torheit, sondern für vernünftig zu halten.[33]

Paulus nennt zwei solcher Bedingungen, die zugleich Grundmuster dafür sind, wie wir die Relation Mensch–Gott ausbuchstabieren. Das erste Grundmuster, das Paulus typologisch mit den Juden verbindet, ist das der Interpretation, die aus der Deutung überlieferter (heiliger) Zeichen das wahre Verhältnis zwischen Mensch und Gott gewinnen will: »die Juden nämlich fordern Zeichen (σημεῖα)«.[34] Das zweite Grundmuster, das sich für Paulus typologisch mit den Griechen und im weiteren Sinne mit allen Nichtjuden verbindet, ist das der Philosophie, die das Verhältnis von Gott und Mensch im Rahmen eines Diskurses bestimmen will: »die Griechen suchen Weisheit (σοφία)«.[35] Tatsächlich sind es bis zum heutigen Tag

[33] Die nachfolgende Analyse ist Badiou: *Paulus* verpflichtet.
[34] 1 Kor 1,22.
[35] ebd.

Diskurs (Griechen) oder zeichendeutende Hermeneutik (Juden), die dafür sorgen, daß wir etwas für vernünftig halten: sei es, daß es diskursiv als wahr behauptet wird, sei es, daß es hermeneutisch als Transporteur historischer Wahrheit firmiert; oder sei es beides zugleich. Von hier aus versteht es sich natürlich, daß eine Botschaft, die sich geradezu weigert, ihre Geltung entweder diskursiv oder hermeneutisch auszuweisen, nichts weiter sein kann als ein empörendes Ärgernis (für den Typus »Jude«) oder eine Torheit (für den Typus »Grieche«).

Betrachtet man nun aber die beiden Grundmuster etwas genauer, zeigt sich erstens, daß sie die Relation Gott–Mensch als eine Distanz von Gott und Mensch verstehen, in der Gott die bestimmende Macht ist, die entweder als eine »Kraft« in die Geschichte eingreift (Juden) oder als »Weisheit« der Grund des Kosmos ist (Griechen). Zweitens aber kommen die beiden Grundmuster, bei allen Unterschieden in der inhaltlichen Ausgestaltung der Relation, darin überein, daß sie in regelgeleiteter Weise Aussagen über einen distanzierten und aus der Distanz weltmächtig agierenden Gott machen, ein Verfahren, das Paulus begrifflich als »Gesetz« faßt. Zweifellos eine im Grunde vergebliche Anstrengung, denn wie soll es möglich sein, regelgeleitete Aussagen über einen Gott zu machen, der in einer dem Menschen unzugänglichen Distanz verweilt? Und obendrein eine die Menschheit in Parteien spaltende Anstrengung, denn der Versuch, dem transzendent-distanzierten Gott auf die Spur zu kommen, bestätigt doch nur die jeweiligen kulturell bedingten Vorurteile über ebendiesen Gott und macht ihn einmal zu einer jenseitigen Kraft und ein andermal zu einer jenseitigen Weisheit.

Um aus dieser interpretativ-diskursiven Sackgasse herauszukommen, schlägt Paulus eine Inversion vor: Gott einmal nicht als transzendente Kraft und Weisheit begreifen, sondern als Schwäche und Torheit.[36]

Folgt man dieser Inversion, muß man sich allerdings zu einer Paradoxie bekennen. Denn zum einen wäre erst der schwache und törichte Gott ein wirklich transzendenter Gott, insofern er zu all dem, was die Menschen in ihrer Welt sonst mit Kraft und Weisheit verbinden, inkompatibel ist;[37] und zum andern wäre gerade der schwache und törichte Gott ein sehr weltlicher Gott, insofern er mit all dem kompatibel ist, was Menschen erfahren müssen, wenn ihre Versuche einer selbstmächtigen und selbstermächtigenden Lebensplanung scheitern. Der finale Punkt dieses Scheiterns ist freilich der Tod,[38] und so wäre der schwache und törichte Gott schließlich einer, der stirbt wie ein Mensch und in seinem Tod dennoch ein lebendiger Gott bliebe.

Ebendieser Gott ist für Paulus »Christus, der Gekreuzigte«.[39]

Wie aber kommen wir dank der von Paulus vorgeschlagenen Inversion aus der interpretativ-diskursiven Sackgasse heraus? Zunächst einmal dadurch, daß die Inversion uns

[36] Zur Schwäche des christlichen Gottes siehe Vattimo: *Glauben – Philosophieren*.

[37] »Denn die Torheit Gottes ist weiser als die Menschen, und die Schwäche Gottes ist stärker als die Menschen.« 1 Kor 1,25.

[38] Hermann Lübbe erinnert zurecht daran, daß nicht erst der Tod das Signum des Scheiterns unserer selbstmächtigen Lebensplanung trägt. Vielmehr zeigt sich »Daseinskontingenz« schon in Zeugung und Geburt und vielem, was darauf folgt: wir haben es nicht gewollt, müssen es aber tragen. Siehe Lübbe: *Religion nach der Aufklärung*, S. 159. Und dennoch: Solange wir leben, dürfen wir darauf setzen, die uns widerfahrenden Unverfügbarkeiten unserem Willen unterwerfen zu können und also aus Unverfügbarem Verfügbares zu machen. Der uns unverfügbare Tod ist daher die ultimative Grenze solcher Versuche, Daseinskontingenz zu überwinden.

[39] 1 Kor 1,23.

ans Ende der Sackgasse führt: Indem die paulinische Botschaft über den schwachen und törichten Gott spricht, behauptet sie erst gar nicht, über eine besondere, Gott entborgte Kraft und Weisheit zu verfügen, die ihr erlaubt, über ebendiesen Gott verbindlich Auskunft zu geben, um am Ende doch nur als unmögliche Anstrengung eines menschlichen Sprechens über Gott entlarvt zu werden; vielmehr genügt es, in menschlich-törichter Weise über Gott zu sprechen, weil ebendieses menschlich-törichte Reden dem schwachen und törichten Gott genau angemessen ist. Damit sind wir wirklich am Ende der interpretativ-diskursiven Sackgasse angelangt, denn aus der Unmöglichkeit, sinnvoll über einen transzendent-distanzierten Gott sprechen zu können, die Konsequenz zu ziehen, den Gottesbegriff zu invertieren — das ist für den natürlichen und auf die Welt sinnenden Menschen (ψυχικὸς ἄνθρωπος)[40] ein Aufgeben all dessen, was sich für ihn mit dem Begriff Gottes verbindet.

Am Ende der Sackgasse aber steht Paulus und behauptet, ausgerechnet in seiner schwachen und törichten Rede vom schwachen und törichten Gott das Geheimnis Gottes zu verkünden.[41] Nichts gibt es, was diese Aussage legitimieren würde, kein gutes Argument (Griechen) und keine auszudeutende Überlieferung (Juden). Und genau an dieser Stelle macht Paulus alles nur noch schlimmer: hier, wo es um eine den Menschen einleuchtende Legitimation der Botschaft geht, sagt er lapidar: »Die Frohe Botschaft, die von mir verkündet wurde, ist nicht nach Menschenart (κατά ἄνθροπον). Denn ich habe sie ja nicht von einem Menschen übernommen oder erlernt, sondern durch Enthüllung (ἀποκάλυψις) von Jesus Christus.«[42]

[40] 1 Kor 2,14.
[41] 1 Kor 2,1.7.
[42] Gal. 1,11f.

Das klingt wie eine Ausflucht: nun, da er nicht mehr weiter weiß, fundiert Paulus seine Botschaft in Gott, um sich von ihm ebenjene legitimierende Kraft zu borgen, die er aus eigener Vernunft nicht aufbringen kann.

Tatsächlich handelt es sich um alles andere als eine Ausflucht. Denn die törichte und schwache Rede des Apostels handelt ja von einem törichten und schwachen Gott, der eben kein mächtiges Legitimationszentrum ist, das sich von selbst versteht. Was Paulus hier also verkündet, ist die aller Argumentationsstrategien und göttlicher Kräfte bare Botschaft als solche, eine Botschaft, für die es keinen anderen legitimierenden Ursprung geben kann als jenen Ursprung, der nach Menschenart nichts legitimiert. Der Name dieses illegitimen Ursprungs lautet »Jesus Christus«; und der Name für die ursprüngliche Übermittlung einer Botschaft, die auf die Kraft des besseren Arguments und der historischen Dignität verzichten muß, lautet »Enthüllung«.

Ebendies, eine illegitime Botschaft zu verkünden und die Illegitimität der Botschaft zu ihrem Zentrum zu machen und in ihrer Illegitimität zu enthüllen, kann für den gesunden Menschenverstand, der auf diskursive oder hermeneutische Legitimationen setzt, nichts anderes als Torheit und Ärgernis sein. Ist man aber bis ans Ende der interpretativ-diskursiven Sackgasse gegangen und hat erkannt, daß Diskurs und Hermeneutik nicht leisten können, was sie zu leisten versprechen, sieht plötzlich alles ganz anders aus: die Torheit der paulinische Botschaft ist dann eine Erkenntnis (γνῶσις),[43] die um ihre Unmöglichkeit weiß. Weshalb alles darauf ankommt, nicht einfach etwas zu erkennen, sondern zu wissen, *wie* man erkennen soll;[44] also nicht nach dem geheimen interpretativ-

[43] 2 Kor 11,6.
[44] 1 Kor 8,2.

diskursiven Mechanismus zu suchen, der doch noch für die Legitimation der Botschaft sorgen könnte, sondern die Illegitimität der Botschaft auszuhalten und darauf zu setzen, daß ebendiese von Grund auf illegitime Botschaft etwas kann, was andere Botschaften nicht können: sie kann aufbauen, weil sie alle Erkenntnis auf den interpretativ-diskursiven Nullpunkt zurückführt.

An diesem Nullpunkt steht der absolute Anfang, aus dem alles andere entspringt. Er ist absolut im Wortsinne: losgelöst von aller Legitimation gibt es nichts, was diesen Anfang begründen könnte. Das eben ist das Geheimnis der evidenten Archai der Griechen wie es im selben Atemzug das Geheimnis der Zeichen Juden oder das Geheimnis von Jesus Christus ist: es handelt sich um absolute Anfänge, die ihre Legitimität keinem Vorausliegenden entborgen können, um aus dieser vorausliegenden Legitimität eine universale Geltung ableiten zu können.

Heißt das, mit anderen Worten, daß es sich um absolute Anfänge handelt, denen nur eine regionale Geltung zukommt, in dem Sinne, daß aus den evidenten Archai der kosmische Diskurs der Griechen und aus der tradierten Autorität der Zeichen die historische Hermeneutik der Juden entspringt? Ja, das heißt es — aber nicht ganz. Denn Paulus reklamiert für den absoluten Anfang, der durch Jesus Christus bezeichnet wird, einen Sonderstatus: *dieser* absolute Anfang hat keine regionale Geltung, sondern ist universal.

Man versteht das, sobald man sich klarmacht, daß der absolute Anfang, den Paulus durch Jesus Christus markiert, ein Anfang ist, der das Geheimnis aller Anfänge enthüllt: daß, wer immer anfängt, einen grundlos-illegitimen Anfang setzt und dieses Setzen keine andere Form als die einer Verkündigung (κήρυγμα) haben kann.[45] In diesem

[45] 1 Kor 1,21.

Sinne ist der Anfang in Jesus Christus universal: er ist das offenbar gemachte Geheimnis[46] aller Anfänge.

Freilich stehen wir dann vor dem Problem, wie nach der Enthüllung des Geheimnisses aller Anfänge die Menschen noch in Gemeinschaften leben können. Paulus ist sich dieses Problems sehr deutlich bewußt: Indem seine Botschaft das Geheimnis des Anfangs öffentlich macht, verläßt sie die Bahn der »Weisheit dieser Welt«,[47] die ja darum besorgt sein muß, daß das Geheimnis *nicht* ausgeplaudert wird, weil sonst ganze Überlieferungen sich in ihrer Grundlosigkeit zeigen würden. Denn wie könnten die Griechen noch Griechen sein, wenn ihre evidenten Archai und damit der immer so seiende Kosmos ohne Grund wäre, und wie die Juden noch Juden, wenn ihre Zeichen, die sie als Zeugnis für die in der Geschichte manifest werdende Macht ihres Gottes lesen, als grundlos-illegitime Setzungen entlarvt würden? Alles das könnte nicht mehr sein, und Paulus weiß genau, daß es sich dabei nicht alleine um Überlieferungen und damit um Kultur handelt, sondern um die aus dem jeweiligen Anfang abgeleitete Politik und also um Macht. Wer daher die Bahn der Weisheit dieser Welt verläßt, verläßt zugleich die Bahn der Herrscher dieser Welt[48] und begibt sich auf Gegenkurs zu allem, was bisher politische Gemeinschaften möglich gemacht hat.

Aber er begibt sich nicht nur auf Gegenkurs zu allen bisherigen politischen Gemeinschaften, er macht auch alle zukünftigen Gemeinschaften unmöglich; denn nachdem das Geheimnis aller Anfänge öffentlich gemacht ist, sind schlechterdings keine Anfänge mehr möglich, weil jeder Versuch, nun erneut anzufangen, von Beginn an als grundlos-illegitimer Anfang erkennbar ist und ebendamit

[46] 1 Kor 2,1ff.
[47] 1 Kor 2,6.
[48] ebd.

keine Gefolgschaft mehr finden kann. Und dennoch, paradox genug, ist Paulus der Meinung, die Verkündigung der Botschaft, die das universal negative Geheimnis aller Anfänge (es gibt keinen legitimen Anfang) ausplaudert, sei in der Lage, Gemeinschaft aufzubauen und also neu anzufangen. Die Frage ist, woher Paulus die Kraft zu diesem neuen Anfang nehmen will.

3 Glauben

Die Kraft zum neuen Anfang nimmt Paulus aus dem Glauben und Vertrauen, der Pistis (πίστις). Das klingt in modernen Ohren wie die Zuflucht zu einem religiösen Gefühl, das nun wenigstens affektiv für jene Legitimation des Anfangs sorgen soll, die Diskurs und Hermeneutik vergebens intendieren. Aber es geht Paulus nicht um eine gefühlige Legitimation des Anfangs; es geht vielmehr um eine Umkehr im Verständnis dessen, was »Anfang« überhaupt ist. Man versteht das am besten, indem man sich der Vorgeschichte des Begriffs der πίστις versichert, die über Philon von Alexandria und die Stoiker[49] geradenwegs zurück zu Platons Versuch führt, die Reichweite von Wissen und Wahrheit zu bestimmen. Das müssen wir uns genauer ansehen.

Wahrheit ist für Platon ein Wissen (ἐπιστήμη) vom Allgemeinen als demjenigen, was den unzähligen Einzelfällen gemeinsam ist; wobei von Wissen erst dann gesprochen werden könne, wenn derjenige, der über eine Kenntnis des Allgemeinen zu verfügen behaupte, in der Lage sei, dieses Allgemeine so in erklärende Worte zu fassen,[50] daß

[49] Dazu Bousset: *Kyrios Christos*, S. 145–149.

[50] Platon: *Theaitetos*, 201c: ἔφη δὲ τὴν μὲν μετὰ λόγου ἀληθῆ δόξαν ἐπιστήμην εἶναι. Die Reclam-Ausgabe übersetzt: »Er sagte nämlich, wahre Meinung verbunden mit Erklärung sei Wissen«.

über die Wahrheit oder Falschheit der Erklärung befunden werden könne. Dabei ist die alles entscheidende Frage, wie es zu diesem Wissen kommen kann. Daß man jemals aus der Vielfalt und Unzahl des Empirischen (induktiv) ein Wissen ableiten könne, hält Platon für unmöglich, weil man dazu über ein Kriterium der Einheit und Differenz des Empirischen verfügen müsse, das aus ebendem vorfindlich Empirischen schlechterdings nicht zu gewinnen sei.[51] Da wir aber ganz offensichtlich dennoch über ein Wissen verfügen, schlägt Platon vor, die Herkunft unseres Wissens nicht im Empirischen zu suchen, sondern in dem, was er »Ideen« nennt: weil sie allem Empirischen vorausliegen, haben wir Zugang zu den Ideen nur durch ein Wiedererinnern (ἀνάμνησις) unserer Seele, so daß all unser auf Wissen zielendes Suchen und Lernen »zur Gänze Wiedererinnerung ist«.[52]

Es kommt hier nicht darauf an, ob die Wiedererinnerung als Votum für die Unsterblichkeit der Seele oder als Vorwegnahme des Kantschen Apriori zu verstehen ist. Worauf es vielmehr ankommt, ist der Umstand, daß Platon darauf *vertrauen* bzw. daran *glauben* muß, daß die Seele das Potential zu einer vorgängigen Kenntnis der gesamten Natur hat, denn ohne Vertrauen auf dieses empirisch nicht herleitbare naturaufschließende Potential unserer Seele würden wir schlechterdings niemals versuchen, Kenntnisse über die Natur zu erwerben.[53] Die Kenntnisse, die wir aufgrund dieses vorgängigen Vertrauens erwerben, sind nun aber von eigentümlicher Art, wie wir wissen: es

[51] Platon: *Theaitetos*, 203a–204a u. 208d–e.

[52] Platon: *Menon*, 81d: τὸ γὰρ ζητεῖν ἄρα καὶ τὸ μανθάνειν ἀνάμνησις ὅλον ἐστίν.

[53] Platon hat das in ein schönes Wortspiel gefaßt: Die Seele erinnere sich daran, was sie vorher gewußt habe (ἠπίστατο), und indem ich glaube (oder: darauf vertraue; πιστεύω), daß das wahr ist, beginne ich meine Untersuchung. Siehe ebd., 81c–e.

sind Kenntnisse dessen, was sich als Allgemeines in der Vielfalt der Erscheinungen durchhält und bleibend ist.[54] Das naturerschließende Vertrauen setzt daher im Grund darauf, daß wir in der Lage sind, das bleibend Allgemeine zu entdecken und mit unseren Worten als Gesetz zu formulieren.

»Logos und Nomos« (λόγος καὶ νόμος)[55] ist die Parole, die das von Platon intendierte Verfahren am besten zusammenfaßt: das naturaufschließende Vertrauen vertraut auf die Übereinstimmung von Logos (Wort, Vernunft) und Nomos (Gesetz), und das dialogische Prüfverfahren dient der Aufdeckung dieser Übereinstimmung, indem es den Logos angibt (λόγον διδόναι)[56] und darin den Nomos zu Wort kommen läßt. Wo das gelingt, erfahren wir die göttliche Ordnung der Natur in all ihrer Schönheit, die in nichts anderem besteht als der währenden Dauer des Nomos,[57] die wir im Logos mitteilen können. Zu ergänzen wäre einzig noch, daß Platon die Ordnung der Gesellschaft in die kosmische Ordnung einfügt und auf diese Weise auch den Nomos der gesellschaftlichen Verhältnisse zur Sprache bringen kann.

Was hier geschieht, ist in der Tat atemberaubend: die noetische Theophanie, wie sie Platon uns vormacht, besteht darin, den Mensch in die göttliche Ordnung des Kosmos so einzufügen, daß er im wahrsten Sinne des Wortes dieser Ordnung entspricht; will sagen: sein Logos ist nichts anderes als der Wort gewordene Nomos des Kosmos und diesem vollkommen homolog. Das Vertrauen,

[54] ebd., 97d–98a zum Thema des Bleibens.

[55] Platon: *Politeia*, 604a.

[56] Platon: *Menon*, 81a.

[57] Platon: *Timaios*, 29a: εἰ μὲν δὴ καλός ἐστιν ὅδε ὁ κόσμος ὅ τε δημιουργὸς ἀγαθός, δῆλον ὡς πρὸς τὸ ἀίδιον ἔβλεπεν . Auf Deutsch etwa: »Wenn der Kosmos schön ist und der Weltschöpfer gut, dann ist es offenbar, daß er auf das Ewige geschaut hat.«

das am Anfang des von Platon vorgezeichneten philosophischen Weges steht, ist folglich ein Vertrauen in den immerwährenden Nomos, der mit Notwendigkeit so ist, wie er ist. Wenn für Platon daher alles darauf ankommt, dem Gott ähnlich zu werden,[58] dann heißt das, das Individuum dem göttlichen Nomos unterzuordnen und zu akzeptieren, was der Nomos uns in all seiner Notwendigkeit zumißt.

Die Frage, woher das Glauben und Vertrauen (die Pistis) ihre Kraft nimmt, ist damit für Platon leicht zu beantworten: es ist die Kraft einer Notwendigkeit, die sich mit aller Logik zu Wort meldet, wo immerwiederkehrende Prozesse ausgemacht werden. Sobald das Individuum den Glauben aufbringt, daß es sich so verhält, ist es in der Lage, seine Untersuchungen der Natur diesem Glauben gemäß auszurichten und also am Ende der Nachforschungen als Wahrheit das zu entdecken, was es im vorauseilenden Glauben bereits angenommen hat.[59] Die dabei unterstellte Ästhetik des Entdeckungsverfahrens und seines Resultates — der der Notwendigkeit gehorchende Kosmos soll schön sein;[60] das Sprechen über den notwendigen Kosmos soll schön sein, wenn es selbst der Notwendigkeit folge[61] (und also als Nomos daherkommt); und schließlich dürfe, wer solches unternimmt, gar ein schöner und guter Mensch heißen,[62] dessen Gottebenbildlichkeit in der Angleichung an die eherne Notwendigkeit besteht — eine solche Ästhetik wird man nur dann akzeptabel finden, solange man verdrängt, daß in der ehernen Notwendig-

[58] Platon: *Politeia*, 613b: ὁμοιοῦσθαι θεῷ.

[59] Hierher gehört natürlich auch der Satz Platon: *Timaios*, 29c: ὅτιπερ πρὸς γένεσιν οὐσία, τοῦτο πρὸς πίστιν ἀλήθεια. »Wie das Werden zum Sein sich verhält, so der Glaube (das Vertrauen) zur Wahrheit.«

[60] ebd., 29a–d.

[61] Platon: *Theaitetos*, 194c.

[62] ebd., 185e: ὁ γὰρ καλῶς λέγων καλός τε καὶ ἀγαθός.

keit eine Gewalt am Werk ist, die uns keinen Ausweg läßt. Sowenig wie dem Sklaven im *Menon*, der achtlos von der Bühne verschwindet, nachdem er Sokrates nachgesprochen, was dieser ihm vorgesagt hat, um das Nachsprechen als eigenständiges Wissen angerechnet zu bekommen. Ebendas ist das Modell des platonischen Kosmos, der uns im Nomos vorsagt, was wir im Logos nachzusprechen haben. Sobald das geschehen ist, haben wir unsere Funktion erfüllt, werden nicht länger mehr gebraucht und dürfen von der Bühne abtreten. Die aber bleibt sich ewig gleich.

Man darf die Kraft des platonischen Glaubens und Vertrauens nicht unterschätzen. Sie lohnt mit einer doppelten Sicherheit, der der Natur und der der persönlichen Überzeugung.

Der Natur dürfen wir vollkommen sicher sein, weil sie einer ehernen Notwendigkeit gehorcht, die, einmal entdeckt und im Nomos festgehalten, uns ruhig schlafen läßt: morgen wird die Welt noch ebenso sein, wie sie heute war; und wir wissen dank des Nomos, den wir in unserem Logos aussagen können, warum das so ist. Unserer persönlichen Überzeugungen aber dürfen wir sicher sein, weil die eherne Notwendigkeit, die in unserem Logos Wort wird, sich zu einem Wissen und einer Wissenschaft (ἐπιστήμη) fügt, die jeder Überprüfung standhält; in der Tat ist das so überzeugend, daß es bis heute keinen anderen Begriff von Wissenschaft gibt.

Aber es gibt einen anderen Begriff von Pistis.[63] Diesen erhält man, wenn man das anfängliche Moment des Glaubens und Vertrauens nicht durch die Gewalt und Ästhetik der kosmischen Notwendigkeit verdeckt, sondern

[63] Die hier entwickelte Differenz hat zum ersten Mal Schestow: *Athen und Jerusalem* ausformuliert. Ihm sind meine Überlegungen vielfältig verpflichtet.

rein ans Licht hebt. Dann zeigt sich: nichts ist notwendig, sondern aus der πίστις heraus ist alles möglich. Und zwar deshalb, weil der unserem Weltverständnis vorauseilende Glaube den Spielraum öffnet, innerhalb dessen wir uns in der Welt überhaupt verstehen. Die Pistis ist daher der Anfang dessen, was Kant den »Entwurf« genannt hat:[64] der Entwurf läuft allem Erkennen voraus und macht das zu Erkennende überhaupt erst, nach Maßgabe leitender Gesichtspunkte, erkennbar und erfahrbar.[65]

Die platonische Verengung der Pistis auf den Bereich des kosmisch Notwendigen ist folglich nur eine Entwurfsmöglichkeit unter anderen, ist nicht die Pistis schlechthin; die Pistis schlechthin ist vielmehr der Anfang aller Entwürfe überhaupt, jener durch nichts festgelegte Augenblick der Festlegung einer Perspektive auf die Welt. Genau diese Pistis hat Paulus im Blick, wenn er davon spricht, daß die Gerechtigkeit Gottes »aus Glauben zum Glauben« offenbart werde.[66]

Man verstellt sich den Zugang zum Sinn dieser Aussage, wenn man sie vom Objekt dessen, was hier offenbar werden soll (Gottes Gerechtigkeit), zu verstehen versucht. Statt dessen muß man sie von der Form her verstehen: die Offenbarung geschieht »aus Glauben zum Glauben«, ist mithin ein Akt, der durch nichts begründet ist außer durch sich selbst. Was auch immer der Glaube daher positiv glauben mag, an seinem Beginn steht die reine Negation aller vorhergehenden Positivitäten, und das heißt: am Beginn der Pistis steht die Negation des Gesetzes in den beiden

[64] Siehe dazu Picht: *Der Begriff der Natur*, S. 254–265.
[65] In Kants Worten: Die Vernunft sieht nur das ein, »was sie selbst nach ihrem Entwurfe hervorbringt, daß sie mit Prinzipien ihrer Urteile nach beständigen Gesetzen vorangehen und die Natur nötigen müsse auf ihre Fragen zu antworten, nicht aber sich von ihr allein gleichsam am Leitbande gängeln lassen müsse«. Kant: *KdrV*, B XIII.
[66] Röm 1,17: ἐκ πίστεως εἰς πίστιν.

Spielarten der Hermeneutik (die Juden, die die Thora als ihren Nomos auslegen) und des vernünftigen Diskurses (die Griechen, die dem Nomos der kosmischen Notwendigkeit zu entsprechen suchen). Ohne positives Gesetz glauben, das heißt: nicht so tun können, als sei der Akt der Pistis in einem anderen als der Pistis begründbar, so daß es nur darauf ankäme, diesem Anderen zu entsprechen; ganz so, wie in der Nachfolge Platons der griechische Diskurs dem Kosmos entsprechen wollte, wie die jüdischen Hermeneuten ihrer Thora und damit Gott entsprechen wollten, und wie die Wissenschaft bis heute versucht, dem, was sie als Anderes voraussetzt, zu entspechen. Paulus dagegen kehrt den Sinn der Entsprechung um, indem er eine Entsprechung postuliert, die nicht entspricht; eine solche Entsprechung, der nichts homolog ist, ist keine Entsprechung, sondern ein Bekenntnis (ὁμολογία), das darin besteht, den grundlosen Einsatz der Pistis jedermann zu sagen und sich in diesem Sagen zum grundlosen Einsatz zu bekennen.[67]

Wenn Paulus die Kraft zu einem gemeinschaftsbildenden neuen Anfang aus dem Glauben nimmt, dann heißt das nun nichts anderes als dies: er nimmt die Kraft zum Anfang aus dem Anfang selbst. Dieser Anfang aber fängt mit einem Ereignis an, das Paulus in seinem Sprechen als grundlosen Anfang bekennt, indem er ihm den Namen »Jesus Christus« gibt. Da man einem solchen Anfang nicht folgt, weil man ihn mit Gründen einsehen kann, bleibt als einziges Motiv für die Nachfolge die Autorität dessen, der da in seinem Sprechen sich zum Neuanfang bekennt und diesen Anfang nicht nur setzt, sondern anderen mitteilt und in der Mitteilung deren Gefolgschaft einfordert.

[67] Ebendas ist der Ausgangspunkt von Röm 10,10: »Wer mit dem Herzen glaubt und dem Mund bekennt, wird Gerechtigkeit und Heil erlangen.«

Ebendas macht den Apostel aus: Er ist derjenige, der für das, was er zu sagen hat, keinen rationalen (diskursiven oder hermeneutischen) Grund anzugeben und sich deshalb nicht rückwärtsgewandt aus dem Vergangenen (dem immer so seienden Kosmos, der überlieferten Thora) zu legitimieren vermag, sondern der ganz neu anfängt und daher auf die Zukunft setzen muß, die aus dem Neuanfang entstehen soll. Diese Zukunft ist es, die ihn legitimiert, wenn sie denn glückt. Daher der nimmermüde Dank des Apostels, wenn eine von ihm gegründete Gemeinde von seinem Evangelium nicht abweicht, sondern ihm die Treue hält;[68] daher die Verzweiflung, wenn eine Gemeinde von ihm abfällt:[69] wo es kein Gesetz gibt, auf das Paulus sich berufen kann, um seiner Botschaft Nachdruck zu verleihen, wo es nur den unbegründeten Anfang gibt und die gemeinsame Zukunft all derer, die diesem Neuanfang folgen, zerstört jeder Abfall die im Anfang frei gesetzte Zukunft und ist, wie der Abfall der Galater deutlich zeigt, eine Flucht unter das durch Gründe legitimierte und damit sichere Gesetz und also eine Flucht in die Vergangenheit. Mit dieser Flucht in die Vergangenheit des Gesetzes ist für Paulus alles verloren, denn worauf es ihm ankommt, ist nicht das gesetzeskonforme Begründen, sondern *das freie Gründen*.

Aber, so muß man fragen, genügt es für diesen gründenden Neuanfang wirklich, aus sich selbst heraus neu anzufangen und sich zu diesem unbegründeten aber gründenden Anfang zu bekennen? Beruft sich Paulus nicht mehrfach auf eine Gabe, die ihm zuteil wurde und ihn nun zum Apostelamt befähigt (s. o. S. 27)? Und beruft er sich dabei nicht stets auf den Willen Gottes bzw. Jesu

[68] 1 Thess 1,2ff.; Phil 1,3ff.; 1 Kor 1,4–6.
[69] Gal 1,6.

Christi,[70] durch den er das Amt empfangen habe? Also doch ein Grund, und dann auch gleich ein mit der Macht des Göttlichen ausgestatteter Grund, der den Neuanfang begründen und als göttlicher Grund alles Nachfragen unmöglich machen soll? Wir werden sehen, daß es Paulus genau darum geht, diese Fragen nach dem Grund abzuweisen.

4 Ereignis

Liest man die Apostelgeschichte, scheint alles ganz einfach: der Neuanfang, den Paulus wagt, gründet dort in einem Ereignis, das man nicht anders beschreiben kann denn als Einbruch der Transzendenz in die Immanenz. In diesem Einbruch geschehen zwei Dinge zugleich: zum einen zeigt sich der innerweltliche Neuanfang als ein direkt von Gott bewirkter Neubeginn, in dem der Mensch zum »Werkzeug«[71] eines göttlichen Handelns und Auftrags wird;[72] und zum andern bewirkt ebendiese Instrumentalisierung des Menschen durch den göttlichen Willen, daß die Frage nach der Legitimation menschlichen Handelns aufgehoben wird: es ist unmittelbar legitimiert durch Gott selbst.

Die strategischen Absichten, die die Apostelgeschichte mit dieser Konstruktion verfolgt, sind unübersehbar. Nicht nur, daß die wahre Initiative des Geschehens von Gott ausgeht und Paulus in die Rolle eines Befehlsempfängers gerät, sondern ebendieser befehlsempfangende Paulus ist im Moment des Ereignisses ja noch der Pharisäer Saul, der zu seiner neuen Rolle als Christ und Apo-

[70] Siehe die Anfänge von Röm, 1 Kor, 2 Kor und Gal.
[71] Apg 9,15.
[72] Das ist ein durchgehender Zug in allen drei Berufungsgeschichten, die die Apg bringt: Apg 9,6; 22,10; 26,15ff.

stel allererst finden muß. Dazu braucht es mehr als den anfänglichen Einbruch der Transzendenz in das Leben des Pharisäers Saul, dazu braucht es die rechte Anleitung durch im Glauben erfahrene Christen, wie Hananias, der dem späteren Apostel die Augen zu öffnen und ihn — vielleicht — zu taufen hat,[73] und dazu braucht es vor allem den Kontakt zu den älteren Aposteln, der durch Barnabas hergestellt wird.[74] Was die Apostelgeschichte damit vorführt, ist eine Art vollständiger transzendent-immanenter Legitimation des Apostels, indem Saul von Gott zunächst zum Werkzeug ausersehen wird, um sodann in die Gemeinschaft der von Gott zuvor erwählten Christen und Apostel hineinzuwachsen. Erst nach dem Abschluß dieser legitimierenden Bewegung, deren Kulminationspunkt Jerusalem ist, kann er zu der neuen Rolle des Heidenapostels und zu seinem neuen Namen Paulus finden.[75]

Die Mühelosigkeit, mit der die Apostelgeschichte Paulus dank göttlicher Berufungen in die christliche Gemeinde und die Gruppe der Jerusalemer Apostel integriert, entspricht freilich ganz und gar nicht dem, was wir von Paulus selbst zu hören bekommen. Zwar berichtet auch er an entscheidender Stelle, da er seine Legitimation als Apostel in Frage gestellt sieht, er habe seine Frohe Botschaft »durch die Enthüllung (αποκάλυψις) Jesu Christi«[76] empfangen, ein Vorgang, der auch für den Apostel von Gott bewirkt wird;[77] aber anders als in der Apostelgeschichte fehlt bei Paulus die Rückbindung dieses außerordentli-

[73] Apg 9,17–19; 22,13.16.
[74] Apg 9,27.
[75] Apg 13,9.
[76] Gal 1,12.
[77] Gal 1,15f. Das hier wirkende Subjekt »Gott« ist in den ältesten Textzeugen freilich nicht explizit genannt, sondern auf das Pronomen »der« (ὁ) reduziert!

chen Ereignisses an die vor ihm berufenen Christen und Apostel. Statt dessen betont er ausdrücklich, er sei mit keinem Menschen zu Rate gegangen und habe auch die Apostel in Jerusalem nicht aufgesucht, sei vielmehr zunächst nach Arabien gezogen und von dort nach Damaskus zurückgekehrt, um erst Jahre später nach Jerusalem zu gehen und Petrus und den Herrenbruder Jakobus kennenzulernen.[78] Damit nimmt Paulus das Ereignis seiner Berufung vollständig aus dem Kontext menschlicher Beziehungen heraus: am Anfang steht eine »Enthüllung«, auf die keine legitimierende Sozialisation in bereits vorhandene Gemeindestrukturen erfolgt, sondern sofort die eigene Missionstätigkeit in Arabien.[79] Stärker kann man seine Selbständigkeit nicht herausstreichen.

Aber, so wird man einwenden, trotz dieser Negation einer legitimierenden Sozialisation bleibe das Faktum einer von Gott bewirkten Enthüllung und damit derselbe Einbruch der Transzendenz in die Immanenz, von dem Lukas in seiner Apostelgeschichte berichtet, so daß auch von Paulus selbst her sein Handeln in einer zuletzt göttlichen Legitimierung gründe.

Das ist richtig und falsch zugleich. Es ist richtig, wenn man, vor allem mit Blick auf die Anfänge der paulinischen Briefe, darauf hinweist, daß Paulus stets auf den göttlichen Willen rekurriert, um sich als berufener Apostel auszuweisen; aber es ist falsch, wenn man darin mehr sieht als die Zitation einer formalen Berufungsstruktur, die der Apostel inhaltlich jedoch ins Leere laufen läßt. Fragt man nämlich genauer nach, wie man sich diese Berufung denn

[78] Gal 1,15–19.

[79] Gal 1,15f. kann gar nicht anders verstanden werden: »Als aber Gott [...] mir in seiner Güte seinen Sohn offenbarte, *damit* ich ihn unter den Heiden verkündige, [da zog ich] nach Arabien.« Dazu Hengel: *Paulus in Arabien*.

vorzustellen habe, erfahren wir von Paulus tatsächlich — nichts. Nicht nur der Galaterbrief verschweigt uns die Details der göttlichen Berufung, die erst die Apostelgeschichte so wirkmächtig ausmalen wird; auch die wenigen anderen Texte, in denen Paulus auf Biographisches zu sprechen kommt und durchaus beeindruckende Details zu bieten weiß,[80] bleiben in puncto Berufung stumm.

Diese Stummheit betrifft selbst noch jene berühmte Stelle im zweiten Brief an die Korinther (12,1–5), da Paulus von einem direkten Kontakt zwischen Transzendenz und Immanenz berichtet. Was er hier in Form einer auktorialen Erzählung vorträgt, findet seine Pointe gerade in dem Umstand, daß man nicht wissen kann, welcher Realitätsgehalt diesem Vorgang eines Herausreißens aus der Welt[81] zukommt (»nur Gott weiß es«), und daß es obendrein nach dem Geschehnis keine Worte gibt, um darüber zu berichten: »Er hörte unsagbare Worte, die einem Menschen zu sagen nicht erlaubt sind.«

Daß die psychophysische Unmöglichkeit, über das Ereignis zu sprechen (»unsagbare Worte«), ergänzt wird durch ein Sprechverbot, hat seinen Grund darin, daß Paulus an dieser Stelle des zweiten Korintherbriefes die Struktur des »Rühmens« (καύχησις) bewußt ad absurdum führt: Wer auch immer nämlich sich auf eine göttliche Instanz berufen zu können meint, um seinem Standpunkt Nachdruck zu verleihen, der praktiziert insgeheim ein Rühmen, das dem christlichen Standpunkt des »Glaubens zum Glauben«[82] diametral entgegengesetzt ist: er rühmt sich des göttlichen Einschlags in seine Person und verweist

[80] 1 Kor 15,3–11; 2 Kor 11,22–33; Phil 3,5f.

[81] Die Einheitsübersetzung spricht von einem »Entrücken«; das griechische Verb ἁρπάζω konnotiert aber sehr deutlich das Wegreißen- und -raffen wie es etwa Räuber tun.

[82] Röm 1,17.

darin implizit auf ein »Gesetz«, wonach normgerechtes Handeln in der Welt mit Wohlwollen und sichtbarer Anerkennung durch Gott belohnt wird — während doch alles darauf ankommt, zu erkennen, daß durch ein solches Gesetz sowohl Gottes als auch des Menschen Freiheit zunichte gemacht wäre.

Wenn es aber kein göttliches »Empfehlungsschreiben« gibt,[83] durch das man sich vor anderen Menschen als ein von Gott Erwählter legitimieren könnte, dann bleibt nur, den anderen Menschen, erst recht also den Apostel, nach dem zu beurteilen, was er in seinem Tun darstellt und was er sagt. Das aber heißt nach Lage der Dinge, da der gesunde Menschenverstand die Vorlage von Legitimationspapieren fordert, vor ebendiesem gesunden Menschenverstand ohne Legitimation dazustehen und, weil man ohne alle göttliche Legitimation obendrein die Botschaft eines schwachen sterbenden Gottes verkündet, sich zum Narren zu machen.[84]

Dadurch entsteht die paradoxe Situation, daß über das Ereignis der Enthüllung nicht zu sprechen ist, schon gar nicht in legitimierender Absicht, daß man aber sehr wohl über die menschliche Gestalt desjenigen sprechen kann, der das Ereignis verkündet, und daß Paulus vorschlägt, einzig und allein diese menschliche Gestalt in ihrer Hinfälligkeit als legitimes Zeichen Gottes zu betrachten. Daher folgt auf die auktoriale Erzählung von der Unmöglichkeit des Sprechens über das Herausgerissenwerden aus der Welt eine Ich-Erzählung des Apostels, in der Gott nun zwar direkt zu Paulus spricht, aber einzig dies zu sagen

[83] Siehe 2 Kor 3,1–3.

[84] 1 Kor 12,6: »Wenn ich mich dennoch rühmen wollte, wäre ich zwar kein Narr, sondern würde die Wahrheit sagen. Aber ich verzichte darauf; denn jeder soll mich nur nach dem beurteilen, was er an mir sieht oder aus meinem Mund hört.«

hat, daß der Apostel seinen »Stachel im Fleisch« und also seine »Schwachheit« zu akzeptieren habe.[85]

Diese paradoxe Situation, daß die »dynamische Kraft Christi« (δύναμις τοῦ Χριστοῦ) in der Schwachheit besteht, wird auch dadurch nicht aufgehoben, daß Paulus den Korinthern vorhält, sie hätten doch in ihm den Apostel dadurch erkannt, daß auch er, wie die von ihm verspotteten »Überapostel«, unter ihnen »mit großer Ausdauer [...] Zeichen, Wunder und machtvolle Taten« vollbracht habe.[86] Denn die einzigen Zeichen, Wunder und machtvollen Taten, von denen wir erfahren, sind eben keine Zeichen und Wunder, wie wir sie erwarten würden,[87] sondern ist das Zeichen und Wunder der Akzeptanz der närrischen Botschaft: das Zeichen und Wunder der Wirksamkeit der Frohen Botschaft, das sich in der Bildung von Gemeinden niederschlägt — also das, was der Text in nicht zu überbietender Präzision »Zeichen des Apostels« (σημεῖα τοῦ ἀποστόλου) nennt.[88]

Was Paulus uns hier zumutet, ist so atemberaubend wie Platons noetische Theophanie, nein, es ist noch viel atemberaubender, denn es entwickelt in jedem Moment die Gegenstimme zu Platon. Während nämlich die noeti-

[85] 2 Kor 12,7–10.

[86] 2 Kor 12,12.

[87] Und wie sie die Forschung dem Apostel bereitwillig zutraut; siehe Käsemann: *Die Legitimität des Apostels*, S. 51 ff.

[88] ebd. In 1 Kor 9,1–2 wird diese Verbindung von Apostolat und Gemeindebildung nocheinmal herausgestellt: »Seid ihr nicht mein Werk im Herrn? Wenn ich für andere kein Apostel bin, bin ich es doch für euch. Ihr seid ja im Herrn das Siegel meines Apostelamtes.« Vgl. Röm 15,17–19: »In Christus Jesus kann ich mich also vor Gott rühmen. Denn ich wage nur von dem zu reden, was Christus, um die Heiden zum Gehorsam zu führen, durch mich in Wort und Tat bewirkt hat, in der Kraft von Zeichen und Wundern, in der Kraft des Geistes. So habe ich von Jerusalem aus in weitem Umkreis bis nach Illyrien überallhin die Frohe Botschaft Christi gebracht.«

sche Theophanie den Menschen in die göttliche Ordnung des Kosmos so einfügt, daß der Mensch nichts weiter tun kann, als dieser ihm vorausliegenden Ordnung durch die im Dialog stattfindende Selbstunterwerfung unter die Notwendigkeit des Gesetzes zu entsprechen, gewinnt Paulus aus der Negation der göttlichen Notwendigkeit einen völlig neuen Standpunkt zur Welt: »Wahrheit« ist jetzt nicht mehr in der Rückführung des Denkens auf evidente Archai zu finden, um dort die Notwendigkeit als Brücke zwischen Denken und Welt zu enthüllen, »Wahrheit« ist jetzt vielmehr der auf nichts zurückführbare Anfang des Sprechens — ein Ereignis, das aus einer Zone, in der es kein Sprechen gibt, uns überkommt und uns zu einem Sprechen nötigt, das nicht notwendig ist.

Statt der dialogischen Suche nach Wahrheit, die auf die Notwendigkeit des Gesetzes führt, nun also die im Wortsinne »charismatische« (uns, wir wissen nicht warum, gegebene) Verkündigung einer Wahrheit, die ohne alles Gesetz auskommt; statt der Wissenschaft (επιστήμη) nun also eine Botschaft oder Sendung (ἀποστολή), die dort anfängt, wo die Wissenschaft aufhört: bei der Pistis, von der abhängt, wie die Welt uns erscheint. In einem Wort: statt der noetischen nun also eine pneumatische Theophanie, die das entscheidende Moment unseres Weltbezuges nicht darin sieht, wie wir uns zu dem stellen, was notwendig scheint, weil es immer schon so war, sondern wie wir in Gemeinschaft unsere Zukunft gestalten wollen — im Vertrauen (πίστις) auf die uns unvordenklich geschenkte »Kraft Christi«. Für dieses Vertrauen gibt es keinen Grund, denn dieses Vertrauen kann einzig sich ereignen.

5 Sendung

Es ist hohe Zeit, daß wir uns fragen, wie es unter diesen Bedingungen überhaupt zur Weitergabe der paulinischen Botschaft hat kommen können. Denn der von Paulus proklamierte Neuanfang, in grundlosem Vertrauen begonnen und auf ebensolche grundlose Akzeptanz hoffend, wird in einer Welt verkündet, deren Existenz auf das »Gesetz« in jeder Form angewiesen ist. Sich gegen das »Gesetz« zu wenden heißt daher nicht einfach, eine politische oder soziale oder religiöse Revolution der bestehenden Welt in Gang zu setzen, es heißt vor allen Dingen, ein jeder Aktion vorausliegendes zeichen- und medientheoretisches Problem zu lösen: Wenn die Botschaft aufgrund ihres absoluten Neuanfanges inkompatibel ist zu allem, was bisher bestand, wie kann sie dann überhaupt verstanden werden?

Um in der Terminologie des Apostels zu sprechen: Wie kann etwas, das so offensichtlich ein Ärgernis und eine Torheit ist und also gar nicht Gegenstand vernünftiger Kommunikation sein kann, dennoch erfolgreich kommuniziert werden?

Natürlich, so wird man sagen, ist die Kommunizierbarkeit der paulinischen Theologie eine abhängige Variable des damaligen zeitgenössischen Kontextes. Und tatsächlich haben Theologie und Geschichtswissenschaft diesen Kontext nach allen Seiten hin ausgeleuchtet und eine Fülle von möglichen Anknüpfungspunkten für die Verkündigung des Apostels zutage gefördert, von den immanenten Entwicklungen des Judentums mitsamt seinen heidnischen »Gottesfürchtigen« über die griechisch-hellenistische Philosophie bis hin zum Gnostizismus.[89]

[89] Angesichts der Fülle der einschlägigen Literatur kann ich hier nur pauschal auf Schelkle: *Paulus*, S. 36–56 verweisen, der eine gute Übersicht und weiterführende Literaturangaben bietet.

Indem man dabei jedoch die Trennlinie zwischen der paulinischen Verkündigung und ihrem Umfeld auswischt, zerstört man im Kern die Botschaft, um die es Paulus zu tun ist: daß sie im Namen Jesu Christi einen freien Neuanfang wagt, der ohne alles legitimierende »Gesetz« und ohne Notwendigkeit begonnen werden muß, wenn er denn wirklich zur Freiheit führen soll.

Das ist mehr als eine billige Strategie zur Selbstbehauptung, die in der willkürlichen Distanznahme zum zeitgenössischen Umfeld eine weltanschauliche Nische öffnet und mit so großer Zähigkeit ausbaut, daß sie endlich die weltanschaulichen Mitbewerber aussticht. Wäre es nur das, hätten Theologie und Geschichtswissenschaft alles Recht der Welt, diesen anmaßenden Anspruch durch Vergleich mit konkurrierenden Ansprüchen auf ein menschliches Normalmaß zurückzustutzen. Daß es aber wirklich um mehr geht, erkennt man daran, daß der freie und von jeglichem »Gesetz« her gesehen illegitime Neuanfang von Paulus nicht nur behauptet, sondern von den Zeitgenossen und Nachfolgern auch deutlich wahrgenommen wurde,[90] so deutlich, daß die frühe Kirche bisweilen ihren Weg in antipaulinischer Frontstellung zu sichern suchte[91] und ein so großer Häretiker wie Markion gerade das paulinische Corpus nutzen konnte, um seinen Sonderweg zu begründen.[92]

Will man daher an dem von Paulus selbst behaupteten absoluten Neuanfang festhalten, tritt das Problem der

[90] Die beiden Korintherbriefe und der Galaterbrief spiegeln diese Differenzen aus paulinischer Sicht ja in aller Deutlichkeit. Und nicht zu vergessen ist, daß die Apostelgeschichte Paulus den Titel des Apostels mit Ausnahme Kap. 14,3–5.14 verweigert.

[91] Dazu Dassmann: *Der Stachel im Fleisch* und Lüdemann: *Antipaulinismus im frühen Christentum*. Einen Überblick über die Gesamtrezeption gibt Lindemann: *Paulus im ältesten Christentum*.

[92] Harnack: *Marcion*.

Kommunizierbarkeit seiner Theologie mit aller Schärfe zutage. Denn Kommunizierbarkeit, das hieße doch wohl, beim Hörer und Leser einen Anknüpfungspunkt für das zu Sagende finden; und Nichtkommunizierbarkeit hieße dann, einen solchen Anknüpfungspunkt nicht finden zu können oder nicht finden zu wollen. Wer daher, wie Paulus, auf dem anknüpfungslosen absoluten Neuanfang seines Sagens beharrt, der scheint nur noch für die Nichtkommunizierbarkeit seiner Botschaft optieren zu können und folglich im Schweigen verstummen zu müssen. Und dennoch *verkündet* Paulus eine *Botschaft*, die Gehör finden will, widerspricht also in seinem Tun jederzeit dem, was er sagt: daß seine Botschaft so unerhört sei, daß sie den Juden ein Ärgernis und den Griechen und damit allen Völkern eine Torheit scheinen muß.

Was Paulus hier in Frage stellt, ist die gängige hermeneutisch-medientechnische Auffassung, wonach eine Botschaft nur deshalb verstanden werden könne, weil sie entweder vom Autor mit einem Sinn aufgeladen wurde, den der Hörer oder Leser dann der Botschaft nur noch entnehmen muß, oder weil sie als Botschaft »immer schon« von der Art sei, daß ihr Sinn einzig und allein von den Verstehensanstrengungen der Hörer oder Leser abhänge, völlig unabhängig von dem, was der Autor der Botschaft ursprünglich einmal intendiert habe.

Während die erste These (der Sinn der Botschaft ist der vom Autor gemeinte) heute kaum mehr vertreten wird, weil es trotz aller Anstrengungen bislang nicht gelungen ist, auch nur für einen einzigen überlieferten poetischen, juristischen, philosophischen oder theoretischen Text so etwas wie eine gültige Interpretation zu erarbeiten, von der man dann sagen könnte, daß sie genau den vom Autor gemeinten Sinn wiedergibt — während also diese erste These heute so abgetan ist, daß nicht einmal mehr die

Namen ihrer Vertreter einem größeren Publikum bekannt sind,[93] ist die zweite These (der Sinn der Botschaft ist der vom Leser oder Hörer entschlüsselte) ausgesprochen populär.

Diese Popularität hat ihren Ursprung in der Rezeptionstheorie der 1960er und 1970er Jahre, als man das Problem der objektiv gültigen Interpretation dadurch beseitigen wollte, daß man die Frage nach der Intention des Autors durchstrich und darüber die Frage nach der Rezeption des Textes schrieb: das, was ein Text in Wahrheit sei, sei nicht das, was der Autor einmal gemeint und was sich als nicht feststellbar erwiesen hatte, sondern das, was die Leser des Textes in ihrer jeweiligen Epoche an Sinn aus dem überkommenen Text schöpften. Das hielt man für objektivierbar, weil ein jeder Text in ein Bezugssystem anderer Texte eingespannt sei, so daß man nur schauen müsse, wie sich der neue Text zu dem durch die anderen (früheren und gleichzeitigen) Texte gestifteten Erwartungshorizont des Lesers verhalte, um aus der Rekonstruktion des Erwartungshorizontes zu erschließen, »wie der einstige Leser das Werk gesehen und verstanden haben kann.«[94]

Natürlich hatte man von Gadamers *Wahrheit und Methode* gelernt, daß ein solcher Blick in die Vergangenheit nicht blank zu haben ist, denn jeder Zeitgenosse, der diesen Blick wagt, steht im Fragehorizont seiner jeweiligen Gegenwart, die als Gegenwart aus vielfältig vermittelten Rezeptionen der Vergangenheit erwächst. Indem man den historisch gerade erreichten Standort jedoch als »Fluchtpunkt« eines historischen Vermittlungsprozesses nahm, der evolutiv und ohne Teleologie voranschreite, um im

[93] Als historische Reminiszenz seien wenigstens folgende Werke genannt: Betti: *Die Hermeneutik als allgemeine Methodik der Geisteswissenschaften* und Hirsch: *Prinzipien der Interpretation*.

[94] Jauß: *Literaturgeschichte als Provokation*, S. 183.

Laufe der Geschichte die »virtuellen Bedeutungen« eines Textes zu enthüllen und darin sein »Sinnpotential« zu erschließen,[95] hatte man trotz des Dementis der Teleologie insgeheim doch der Gegenwart als dem Telos eines historischen Prozesses das Wort geredet, dessen je rezentes Ende der Index des entfalteten Sinnpotentials war.

Da kam die strukturalistische Entdeckung gerade recht, wonach die Bedeutung eines Wortes durch seinen Bezug zu allen anderen Wörtern generiert werde, so daß ein Wort immer nur das ist, was es ist, weil es all die anderen Wörter nicht ist. Gilt das für einzelne Wörter, dann erst recht für ganze Texte, die sich in ein Geflecht von internen und externen Bezügen aufzulösen beginnen, zwischen denen Leerstellen dafür sorgen, daß bei jeder Lektüre ein anderer Bezug und damit ein anderer Sinn aktualisiert wird.[96] Damit ist der Text als ein sinnvolles Gefüge, als eine »Totalität« von Sinn und Form, negiert und ersetzt durch einen »pluralen Text«, für den es »keine Erzählstruktur, keine Grammatik und keine Logik der Erzählung geben kann«,[97] so daß folglich auch die Lektüre dieses prinzipiell kakophonisch-pluralen Textes darin aufgeht, aus dem Text willkürlich gewählte Fragmente als Leseeinheiten — »Lexien« nannte das Roland Barthes[98] — herauszulösen.

Eine auf Wahrheit verpflichtete Theorie des sprachlichen Zeichens und der Literatur konnte es in diesem Rahmen seither natürlich nicht mehr geben. Was es statt dessen gab, war eine Fokussierung auf jene historisch kontingenten Bedingungen, die zur Bevorzugung einer bestimmten Lesarten eines Textes geführt hatten und, da sie ja nicht mehr im Rückgriff auf eine wie auch immer gear-

[95] Jauß: *Literaturgeschichte als Provokation*, S. 186–193.
[96] Iser: *Die Appellstruktur der Texte*.
[97] Barthes: *S/Z*, S. 10.
[98] ebd., S. 18.

tete Wahrheit des Textes plausbibel gemacht werden konnten, aus Machtverhältnissen abzuleiten waren.[99] Alternativ dazu blieb die Möglichkeit, das unaufhörliche Ineinanderspielen von Texten samt ihrer stets neue ineinanderspielende Texte produzierenden Interpretationsbedürftigkeit anthropologisch auf die Verfaßtheit des Menschen als eines fiktionsbedürftigen Wesens zurückzuführen, das sich zur Welt immer schon interpretativ und damit imaginativ verhalte.[100]

Von hier aus versteht man ganz gut, warum die These, der Sinn einer Botschaft sei immer nur der vom Hörer oder Leser entschlüsselte, so populär werden konnte: hier wird der Zumutung, im Hören und Lesen der Stimme eines auktorialen Subjekts unterworfen zu sein, von der man die Bedeutung des Gehörten oder Gelesenen dankbar zu empfangen habe, ein Ende bereitet, um statt dessen dem Hörer oder Leser die Rolle des eigentlichen Auktors zuzubilligen, der mit dem überlieferten Text nach Belieben verfahren und in ihm lesen darf, was keiner bislang darin zu lesen vermochte. Nun ist natürlich leicht zu sehen, daß diese Befreiung von der Autorität des Autors und die Unterwerfung der Texte unter die Autorität der Leser die Vorzeichen der Autorität nur umkehrt: wo einst der Autor die Last des Sinns zu tragen hatte, freut sich nun der Leser der Freiheit seiner Sinnsuche, die ihn zu nichts verpflichtet, schon gar nicht, den eigentlichen Sinn eines Textes finden zu müssen. Damit gerät jedoch aus dem Blick, um was es eigentlich gehen müßte: um die Botschaft selbst und *ihre* Autorität.

Und damit sind wir wieder bei Paulus. Denn das, was der Apostel immer wieder klarzumachen versucht, ist das

[99] Das wurde in Foucaults Werk dann Programm. Siehe beispielsweise dessen *Archäologie des Wissens*.
[100] Dazu der Grundriß bei Iser: *Theorie der Literatur*.

Gewicht und die Autorität der Botschaft selbst, die in keiner Weise davon abhängt, wer sie wie sagt und wer sie wie hört.[101] Die Autorität der Botschaft kann daher nur gewonnen werden, wenn sie zunächst vom Botschafter und von den die Botschaft Hörenden abgehoben wird. Das bedeutet, daß an die Stelle der zweiwertigen Kommunikationslogiken, wie sie der traditionellen Hermeneutik und dem Neostrukturalismus zugrunde liegen, eine dreiwertige Kommunikationslogik treten muß: nicht mehr das Verhältnis des Autors zum Werk (im Sinne der genialen Schöpfung) oder des Publikums zum Text (im Sinne der kakophonisch-genialen Lektüre) ist nun von Belang, sondern die Botschaft selbst, die die Mitte von Apostel und Gemeinde (Autor und Leser) bildet.

Diese Mitte steht außerhalb des Zugriffs von Apostel und Gemeinde und kann daher nicht unter Zuhilfenahme von Soziologie oder Anthropologie auf ein weltliches Phänomen reduziert werden. Wäre das möglich, d. h. wäre die Botschaft nichts weiter als der Niederschlag eines menschlichen Mitteilungsbedürfnisses (anthropologische Perspektive) oder eine soziale Interaktion zwecks Ausweitung persönlicher Machtsphären (soziologische Perspektive), dann wären wir sofort wieder bei den zweiwertigen Kommunikationslogiken angelangt und hätten erneut das Problem, daß wir nicht wüßten, wie wir fremde Botschaften überhaupt verstehen sollten, es sei denn als Übertragung einer genialen auktoriellen Energie oder als zufällig tradierte stumme Texte, die allererst die Energie des Lesers zu bedeutendem Leben erweckt. Wenn die Botschaft also dem Zugriff von Apostel und Gemeinde entzogen sein muß, um wirklich Mitte sein zu können, dann muß

[101] 1 Kor 2,1: »Und ich, Brüder, als ich zu euch kam, kam nicht, um mit der Überlegenheit von Worten oder Weisheit euch das Geheimnis [oder: Zeugnis] Gottes zu verkündigen.« Siehe auch 2 Kor 10,10.

sie in vollem Sinne als nicht-weltliches Phänomen verstanden werden: Botschaften, die wirklich Botschaften sind und nicht die schnelle Mitteilung von bekannten Fakten, sind daher immer transzendente Botschaften; und genau darin liegt ihre Autorität.

Freilich handelt es sich um eine höchst paradoxe Autorität, denn wir wissen ja: die Transzendenz, von der Paulus spricht, ist schwach, und es gibt keine Notwendigkeit, ihr Gehorsam zu leisten. Folglich bedeutet die Berufung auf die transzendente göttliche Kraft als Grund der Botschaft[102] — eine Berufung auf nichts, was im weltlichen Sinne tatsächlich als autoritative Stütze der Botschaft betrachtet werden könnte.

Aber genau darin liegt die Bedingung der Möglichkeit ihrer Autorität und damit Geltung: alleine eine Botschaft, die jenseits historisch kontingenter Produktions- und Rezeptionsverhältnisse zu verorten ist, kann den Anspruch erheben, von allen Menschen verstanden zu werden und damit universal zu sein.

Wenn es nichts gibt, was uns zur Annahme dieser Botschaft zwingen könnte — keine schönen Worte, keine bestechend logische Argumentfolge und schon gar keine überwältigende göttliche Kraft —, dann gibt es nur die Botschaft selbst, die das Neue, was sie zu verkünden hat, apodiktisch setzt: sie weist es auf, indem sie es verkündet.[103] Aber was erweist sie damit im Grunde? Sie erweist nicht nur, daß es möglich ist, Neues zu sagen und verständlich zu machen, obwohl es jenseits der aktuellen

[102] 1 Kor 2,4–5: »Und mein Wort und meine Verkündigung geschah nicht in überredenden Worten der Weisheit, sondern im Aufweis des Geistes und der Kraft, damit euer Glaube nicht in der Weisheit der Menschen beruhe, sondern in der Kraft Gottes.«

[103] Um Kierkegaard zu zitieren: Der Apostel »hat keinen andern Beweis als seine eigne Aussage.« Kierkegaard: *Über den Unterschied ...*, S. 131.

Verständnishorizonte der Hörer und Leser liegt; sie erweist zugleich, daß das Neue, das sich in unserer Welt bemerkbar und verständlich machen will, das Signum der Transzendenz tragen muß, weil nur so gewährleistet ist, daß es mit der nötigen Autorität zu allen Menschen sprechen kann.

Dieses Signum der Transzendenz verweist jeden Kommunikationsakt — in höchstem Maße den, der absolut Neues mitzuteilen hat — in eine vorsprachliche Zone, in der sich das Gelingen der Kommunikation entscheidet. Wäre es anders, d. h. wäre all unser Sprechen und Schreiben ein rein weltlicher Vorgang, dann wären wir darauf angewiesen, die gängige sprachliche Münze immer wieder umzuschlagen, weil nur die gängige Münze dafür sorgte, daß das Sprechen und Schreiben auch einen erkennbaren Wert hat. So aber kann sich in der vorsprachlichen Zone die Bedeutung eines weltlichen Zeichens verschieben und das Zeichen dennoch kommunizierbar bleiben.

Paulus nennt diese vorsprachliche Zone den »Geist« (πνεῦμα). Der ist zwar stets ein und derselbe, aber er ist nicht allen Menschen in derselben Weise geschenkt, so daß ihre individuellen Fähigkeiten voneinander abweichen.[104] Das betrifft insbesondere die Fähigkeit, über Kommunikation zu kommunizieren. Während nämlich »der Geist der Welt« (πνεῦμα τοῦ κόσμου) sich darauf verläßt, daß Reden und Schreiben als weltliche Phänomene ganz in die Kompetenz des Menschen fallen, weiß »der Geist Gottes« (πνεῦμα τοῦ ϑεοῦ), »was uns von Gott geschenkt worden ist«:[105] die Fähigkeit zu kommunizieren und dabei Botschaften auszutauschen, die, auch wenn sie absolut neu sind, dennoch verstanden werden können, weil sie als verborgenen Index die Transzendenz mit sich führen.

[104] 1 Kor 12,4.
[105] 1 Kor 2,12.

Nun verstehen wir vielleicht, auf was die pneumatische Theophanie des Paulus im Grunde abzielt: »Wahrheit« ist nicht das, was wir im Horizont unserer Welt fragend erforschen (das wäre die Dimension einer philosophischen Spekulation, die eine vom Menschen kontrollierbare Weisheit [σοφία] intendiert); »Wahrheit« ist auch nicht das, was wir den uns umgebenden Zeichen abzulauschen versuchen (das wäre die Dimension einer Hermeneutik, die die Welt insgesamt als ein Zeichen [σημεῖον] interpretiert); Wahrheit ist vielmehr stets und immer das, was uns dank einer unvordenklichen Autorität, die der Botschaft innewohnt, *gesagt* wird. Wahrheit und ihre Autorität ist daher immer »eine Erscheinung oder Sprache der Transzendenz«,[106] die das Neue, was sie aufzeigen will, uns apodiktisch und Gehorsam fordernd mitteilt. Das geschieht zwar in einer historisch kontingenten Sprache, aber es ist mit dieser nicht identisch, sondern als ein pneumatisches Ereignis der Sprache vorgelagert. Nur so kann man erklären, warum es überhaupt möglich ist, Neues in einer Welt zu sagen, die in allen ihren Zügen eine Gesetzeskonformität erwartet und Neues daher als ungesetzlich nicht zulassen kann: Im pneumatischen Ereignis wird der Raum des bislang Gültigen in seiner als gültig gesetzten Sprache (sei es nun logisch oder intersubjektiv oder sonstwie als gültig deklariert worden) überschritten und der »Geist der Welt« vom »Geist Gottes« überwunden.

Ein solches autoritatives Sagen, das ohne alle weltliche Autorität auskommen muß und daher in der Welt nur als Ärgernis und Torheit erscheinen kann, ist weit davon entfernt, bloßes Sprachspiel zu sein, das uns zu nichts verpflichtet. Was das pneumatische Ereignis vielmehr deutlich macht, ist die Tatsache, daß es als Ereignis uns immer schon in die Pflicht genommen hat, weil es dort, wo es

[106] Jaspers: *Von der Wahrheit*, S. 769.

wirklich Ereignis ist, uns damit konfrontiert, daß wir nicht Herr des Ereignisses sind. Wir sind vielmehr davon abhängig, daß uns das Ereignis als eine Gabe überkommt, die wir nur empfangen können.[107] Daher müssen wir, wenn wir uns wirklich durch das Ereignis in die Pflicht nehmen lassen und der Autorität der Botschaft Gehorsam leisten, auch unsere Verantwortung übernehmen und das pneumatische Ereignis als solches bekennen. Das aber heißt, das Ereignis nun wiederum zu verkünden und also die Last seiner weltlich-autoritativen Ungesichertheit in die eigene Verantwortung zu übernehmen. Wer das tut, macht nicht nur den Schritt vom vertrauenden Hören auf das Neue der Botschaft zum Verkünden derselben und wird daher selbst zum Sendboten der Botschaft; wer das tut, vollzieht vielmehr dank des pneumatischen Ereignisses auch eine Umkehr im Denken (μετάνοια),[108] die ihn die regionalen Logiken von Hermeneutik (Typus Jude) und Philosophie (Typus Grieche) überwinden läßt, um ihn zu einem Berufenen (κλητός) zu machen, der in Jesus Christus den anfänglichen Schwachpunkt allen regionalen Sagens verkündet und in dieser Verkündigung sich zur anfänglichen Schwäche bekennt.[109] Ebendieses Bekenntnis macht den Berufenen zu einem Christen und fügt ihn einer Gemeinschaft ein, die sich im Raum des pneumatischen Ereignisses konstituiert: aus den Berufenen formiert sich die Gemeinschaft der Berufenen (ἐκκλησία), in der sich zeigen muß, ob sich die Umkehr auch leben läßt.

[107] 1 Kor 4,7: »Was hast du, das du nicht empfangen hättest?«
[108] Röm 2,4.
[109] 1 Kor 1,22–24.

III Gemeinschaft

Paulus läßt keinen Zweifel daran, daß die von ihm ins Leben gerufenen Gemeinschaften als »sein Werk« zu betrachten sind. Wobei er jedoch sogleich hinzufügt, es handle sich um ein »Werk im Herrn«.[1]

Damit markiert der Apostel von Beginn an eine Spannung, die größer nicht sein könnte: Wenn Paulus geradeheraus erklärt, fraglos nur für diejenigen Gemeinden als Apostel zu gelten, die er selbst gegründet hat, und wenn ihm umgekehrt die gelungene Gründung einer Gemeinde »Siegel des Apostelamtes« ist — dann stützt sich sein Apostolat und alles, was daraus folgt, einzig und allein auf die von ihm gegründeten Gemeinden, deren Mitglieder ihn als Apostel anerkennen; für alle anderen Gemeinden außerhalb seines Gründungs- und Wirkungskreises ist sein Apostolat dagegen höchst fragwürdig.[2]

Verhält es sich in dieser Weise, gibt es nicht nur nichts, was den Apostel über den Kreis seiner eigenen Gemeinden hinweg als Apostel legitimieren würde, es gibt auch nichts, was die singulären paulinischen Gemeindegründungen in den Kontext der von anderen Aposteln gegründeten Gemeinden einfügen könnte. So gesehen müßte das Werk des Paulus auf ewig Stückwerk bleiben, ohne Zusammenhang mit der Vielzahl und Vielfalt anderer Gemeinden, ohne die Aussicht auf eine gleichberechtigte Anerkennung durch diese und insgesamt ohne die Hoffnung, die vielfältigen

[1] 1 Kor 9,1: ἔργον μου ἐν κυρίῳ.

[2] 1 Kor 9,2: »Wenn ich für andere kein Apostel bin, bin ich's doch für euch.«

singulären christlichen Gemeindegründungen jemals als eine Einheit betrachten zu können. Die vollständige universale Gemeinschaft aller durch den Glauben Berufenen (die Kirche als ἐκκλησία) wäre dann von Beginn an ein Ding der Unmöglichkeit.

Betrachtet man die von Paulus gegründeten Gemeinschaften dagegen als »Werk im Herrn«, verschiebt sich ihr Status mit einem Schlag: sie sind dann mehr und anderes als singuläre paulinische Gründungen, sie sind plötzlich Elemente einer größeren Einheit, die sich durch die individuellen Gründer und ihre Gemeinden hindurch verwirklicht. Darauf beruft sich der Apostel, wenn er die in Fraktionen gespaltene korinthische Gemeinde daran erinnert, daß sämtliche von den verschiedenen Gruppen in Anspruch genommenen Leitfiguren »Gottes Mitarbeiter« sind.[3]

Der Anspruch klingt nun allerdings kurios: der Gemeinschaftsstifter Paulus, der sehr genau weiß, daß sein Apostolat im Grunde nur innerhalb seiner eigenen Gemeinden unbestritten ist — und selbst hierin kann er nicht sicher sein, wie das Beispiel Korinth zeigt —, dieser Gründer singulärer christlicher Gemeinschaften beruft sich darauf, ein allen anderen Gemeindegründern, Leitfiguren und Aposteln gleichgestellter »Mitarbeiter Gottes« zu sein.

Da aber genau das in Frage steht — nicht nur in Korinth, sondern auch in Galatien[4] —, ist der von Paulus erhobene Anspruch genau dies: ein Anspruch, den er nicht beweisen *kann*, aber zugleich beweisen *muß*, um sich als Apostel und seine Gemeinden als vollgültig darzustellen.

[3] 1 Kor 3,9; vgl. 2 Kor 6,1.
[4] Gal 1,6–9; 5,7–10.

Paulus also als Apostel. Wir sind gewohnt, nach zweitausend Jahren Kirchengeschichte, die Apostel mit den von Jesus selbst berufenen zwölf Jüngern zu identifizieren und in ihnen die wichtigsten Amtsträger der sich konstituierenden Kirche zu sehen, den Nukleus einer sich über die Jahrhunderte hin entfaltenden Hierarchie von Ämtern und Funktionen, die, jedenfalls für den katholischen Teil der Welt, im Papst kulminiert, der als Nachfolger Petri amtiert und damit in der Sukzession desjenigen Apostels steht, der nach dem Zeugnis des Paulus zu den drei »Säulen« und also den wichtigsten Persönlichkeiten der Urgemeinde in Jerusalem zählte.[5]

Die tatsächlichen Verhältnisse innerhalb des sich konstituierenden Christentums waren freilich bunter und komplexer: die von Jesus berufenen Jünger heißen zwar in den Evangelien und der Apostelgeschichte »Apostel«, aber dieser Titel war nicht exklusiv auf den Kreis der Jünger beschränkt, sondern diente im weiteren Sinne zur Kennzeichnung all derer, die als Sendboten des Evangeliums unterwegs waren und denen, so das Zeugnis des ersten Korintherbriefes, der Auferstandene erschienen war.[6] So

[5] Gal 2,9. Hierher gehört natürlich neben der Apostelliste Mk 3,14ff., die Petrus an erster Stelle nennt, auch das umstrittene Herrenwort Mt 16,17–19, wonach Petrus der Fels sei, auf den Jesus seine Kirche bauen wolle. Und hierher gehört ebenso natürlich die Überlieferung, daß Petrus am Ende seines Lebens und noch vor Paulus nach Rom gelangt sei und dort als Bischof gewirkt habe.

[6] Daß »die Zwölf« mit der Gruppe der Apostel nicht identisch waren, ergibt sich schon aus 1 Kor 15,5–7, wonach der auferstandene Christus zunächst dem Kephas (Petrus) und den Zwölfen erschien, danach dem Jakobus, »dann allen Aposteln«. Ganz offensichtlich ist das so zu verstehen, daß der Kreis der Apostel weiter ist als der Kreis der Zwölf, daß aber der Status des Apostels zugleich mit der Erscheinung des Auferstandenen verbunden war. Mehr dazu bei Cam-

nennt die Apostelgeschichte, die den Apostelitel sonst streng für den Kreis der »Zwölf« reserviert, an einer Stelle unvermittelt Paulus und Barnabas »Apostel«,[7] und in der Grußliste des Römerbriefs tauchen die beiden Apostel Andronikus und Junia auf[8] — ein mehr als deutlicher Hinweis darauf, daß in den frühen Gemeinden die wichtigen Aufgaben und Funktionen keineswegs alleine den Männern vorbehalten waren.[9]

Aus diesen bunten und komplexen Verhältnissen ist einzig dies für den Status eines Apostels ableitbar: daß sich mit der Erscheinung des Auferstandenen der Auftrag zur Verkündigung verbindet und daß tatsächlich beides, Erscheinung und Verkündigungsauftrag, zusammenkommen müssen. Sonst ließe es sich nicht erklären, daß einerseits der Auferstandene noch vor den Aposteln einer Gruppe von nicht zu identifizierenden »fünfhundert Brüdern« erschien, ohne daß dadurch diese Brüder zu Aposteln geworden wären,[10] während andererseits Apollos, dessen Anhänger Paulus in Korinth soviele Schwierigkeiten bereiten, zwar ein bedeutender und selbständig handelnder Lehrer des Evangeliums ist, aber, da ihm Christus

penhausen: *Kirchliches Amt und geistliche Vollmacht*.

[7] Apg 14,3–5.14.

[8] Röm 16,7.

[9] Bei der in den meisten (älteren) Bibeln zu findenden Namensform Junias (statt Junia) handelt es sich um eine Fehllesung. Die Textzeugen belegen mehrheitlich den Namen Junia, eine kleinere Menge von Textzeugen dagegen Julia. Während die ältere Forschung die Fehllesung noch aufrecht erhielt (siehe etwa Michel: *Der Brief an die Römer*, wo es S. 379 dezidiert heißt: »An eine weibliche Form [Julia oder Junia] ist nicht zu denken.«), kommt die neuere Forschung gerade auch unter Berücksichtigung von 1 Kor 15,5–7 zum entgegengesetzen Urteil; siehe Stuhlmacher: *Der Brief an die Römer*, S. 219. Die Grußliste in Röm 16,1ff. nennt weitere Frauen in herausgehobenen Positionen oder von besonderer Bedeutung.

[10] 1 Kor 15,6.

nicht erschienen war, auch nirgends »Apostel« genannt wird.[11]

Nun sind freilich sowohl die Erscheinung des Auferstandenen als auch der mit dieser Erscheinung verbundene Verkündigungsauftrag alles andere als Akte, die Kriterien eines weltlichen Instanzenzugs oder einer ritualisierten Autoritätsübertragung gehorchen würden; vielmehr handelt es sich um Vorgänge, die ganz im Glauben liegen:[12] daß er seine Frohe Botschaft »durch die Enthüllung Jesu Christi« empfangen habe,[13] ist für Paulus der nicht weiter zu legitimierende Anfang seines Glaubens, der für ihn letztlich mit dem Glauben selbst identisch ist — der durch den Christus vermittelte absolute Anfang, der alles verwandelt und sogar den Tod überwindet.

Darin liegt nun allerdings, daß es keine außerhalb dieses absoluten Anfangs zu lokalisierende Beauftragungsinstanz geben kann, so daß folglich *alle*, die unter dem Anspruch des absoluten Anfangs und also der »Enthüllung Jesu Christi« handeln und die Botschaft verkünden, als gleichermaßen legitimiert gelten müssen. Darin liegt aber ebenso, daß es keine Möglichkeit gibt, aus eigenem Willen den absoluten Neuanfang zu wagen, denn jeder, der das versuchte, würde auf der Basis seiner Motive und Absichten handeln und also gerade keinen absoluten und alles verwandelnden Neuanfang zustande bringen, sondern — wenn auch uneingestanden oder unbewußt — danach trachten, sich selbst zur Geltung zu bringen. Daher mögen zwar viele den Auferstandenen gesehen und einige den Auftrag zur Verkündigung erfahren haben, aber weder das eine noch das andere Kriterium noch beide zusammen

[11] Biographische Informationen zu Apollos bietet Apg 18,24–28. Zu seiner Selbständigkeit siehe 1 Kor 16,12.

[12] S. o. S. 44 ff.

[13] Gal 1,12.

machen den Apostel wirklich zum Apostel. Wirklich zum Apostel wird einer erst dann, wenn er jegliche Fixierung auf seinen Status und seine Geltung in der Welt sein läßt, um anstatt ganz groß ganz klein zu sein.

Das genau ist der Anfang, den Paulus setzt: Er ist im Augenblick seiner Berufung zur Verkündigung nicht mehr der jüdische Pharisäer und Eiferer Scha'ul, der sich nicht nur stolz seiner Gesetzeskenntnis rühmt, sondern auch bereit ist, das Gesetz mit aller Gewalt durchzusetzen;[14] vielmehr ist er jetzt und ab jetzt Paulus, der im Wortsinn »Kleine« oder »Geringe«,[15] der als »Mitarbeiter Gottes«, »Diener Christi« und »Sklave« der Gemeinde[16] über eines ganz gewiß nicht verfügt: über eine unumstrittene Autorität, die er ins Feld führen könnte, um seine Gegner mundtot zu machen.

Paulus zieht diese Linie bis zum Existentiellen durch: nicht nur, daß er über keine Autorität verfügt, er verfügt auch über keine rhetorischen Überredungskünste[17] und ist mit einer Krankheit geschlagen, die ihn nicht verläßt.[18] Daher ist die stete Betonung seiner Schwäche ganz ernst gemeint; sie ist der Ausgangspunkt seines Tuns und Den-

[14] Phil 3,5f.; Apg 8,3 u. 22,3ff.

[15] Selbst wenn man aufgrund von Apg 13,9 davon ausgeht, daß Paulus seinen Namen nicht gewechselt, sondern beide Namen, Scha'ul und Paulus, getragen hat, bleibt festzuhalten, daß er in der Apg ab dem Moment, da er zusammen mir Barnabas seine Missionsreisen beginnt, nur noch mit dem römischen Namen Paulus firmiert. Und das wiederum stimmt aufs beste mit dem Befund der paulinischen Briefe überein, die dem Apostel zur Unterstützung seiner Missionstätigkeit dienten und in denen er sich selbst immer nur mit seinem römischen Namen nennt, den man am besten als cognomen versteht. Zum Problem des Namens Riesner: *Die Frühzeit des Apostels Paulus*, S. 126–129.

[16] 2 Kor 6,1 u. 1 Kor 3,9; 1 Kor 4,1; 2 Kor 4,5.

[17] 2 Kor 10,10–11; 2 Kor 11,6; 1 Thess 2,5.

[18] 2 Kor 12,7.

kens, weil sie in einem doppelten Sinne ins Zentrum des christlichen Glaubens führt. In diesem Zentrum finden wir nämlich nicht alleine den schwachen Gott, der, weltlich gesehen, nichts vermag und schon gar keine glänzenden Wunder wirkt, mit denen sich der gemeine Menschenverstand beeindrucken ließe; in diesem Zentrum finden wir eben auch das Moment einer Gabe, die uns schenkt, was wir sind. In Paulus, dem Geringen und Kranken, dem untalentierten Redner und in Mühsal und Todesgefahr (nicht in Glanz und Gloria) durchs Römische Reich ziehenden Apostel[19] kommen diese beiden zentralen Momente zusammen und verweisen durch die persönliche Schwäche hindurch zurück auf den schwachen Gott, der alles gibt.

Von hier aus ist leicht zu erkennen, worin die Differenz zwischen einem wahren und einem falschen Apostel liegt. Sie liegt darin, daß der wahre Apostel aus der Erscheinung des auferstandenen Christus und dem Auftrag zur Verkündigung der Frohen Botschaft *nicht* schließt, nun gegenüber anderen Menschen einen höheren Status zu haben, während der falsche Apostel genau diesen Schluß zieht und ebendeshalb schon im Ansatz den Kern des christlichen Glaubens verfehlt.

Noch bevor daher überhaupt dogmatische Unterschiede zwischen Paulus und anderen Aposteln zur Geltung kommen können, ist es dieser Verzicht auf den eigenen Status, der den wahren Apostel vom »Überapostel«[20] scheidet und letzteren eben nicht zum authentischen Verkünder des christlichen Glauben macht, sondern zu einem »Falschapostel«,[21] der in dem, was er lehrt, dem wahren Apostel gleichen mag, nicht aber in der inneren Auffas-

[19] 2 Kor 11,23–28.
[20] 2 Kor 11,5.
[21] 2 Kor 11,13.

sung des Gehalts der Lehre und damit in der Art und Weise, *wie* zu lehren und zu verkünden sei.

Denn das *Wie* der Lehre kann von ihrem Inhalt nicht getrennt werden: der absolute Anfang setzt ein Moment der Freiheit, das jenseits aller weltlichen Legitimationsprozesse zu lokalisieren ist, so daß derjenige, der eine Legitimation welcher Art auch immer ins Feld führt, um seine Verkündigung zu bekräftigen, das Moment der absoluten Freiheit durch die Beanspruchung weltlicher Autorität und ihrer Zeichen vertauscht und also die Freiheit der Frohen Botschaft von Grund auf zerstört. Das wäre ein Rückfall in die von Paulus mit dem Judentum identifizierte Hermeneutik, die aus weltlichen Zeichen abzulesen versucht, wie es um die Kraft des die Zeichen bewirkenden Gottes steht, so daß der Gott um so mehr Gott ist, je mächtigere Zeichen er selbst oder seine Diener zu bewirken vermögen.

Die einzige angemessene Antwort auf diese Zeichen-Logik ist die Ironie, die die hermeneutische Präokkupation der Zeichen aufnimmt, um sie ad absurdum zu führen: nicht nur, daß auch Paulus Zeichen kennt und hat, er kann sie auch in langen Reihen auflisten[22] und in dieser Auflistung nicht nur die »Überapostel« überbieten, sondern auch auf die Grundlosigkeit solcher Zeichen aufmerksam machen. Denn in der beliebigen Auflistbarkeit der Zeichen liegt ja, daß sie in ihrer hermeneutischen Imposantheit verdecken, wie sehr alles von der grundlegenden Entscheidung abhängt, welche Zeichen wir überhaupt als beweiskräftige Zeichen akzeptieren wollen.

Diese grundlegende Entscheidung aber ist nicht weiter durch Zeichen legitimierbar, sondern ein grundloser und absoluter Anfang, den es zu bewahren gilt, wenn

[22] 2 Kor 11,21b–12,13.

man denn wirklich zu der in Christus gesetzten Freiheit[23] durchstoßen will.

Natürlich macht es die Vertauschung der absoluten Freiheit mit weltlichen Zeichen nicht nur leichter, als Apostel sich Geltung zu verschaffen, sondern eben auch Gemeinden zu gründen; man muß dann nur auf jener Ebene argumentieren und agieren, auf der sich der gesunde Menschenverstand beeindrucken läßt: auf der Ebene der Zeichen und Wunder und machtvollen Taten. Wer das, wie Paulus, nicht tut, sondern die Zeichen und Wunder und machtvollen Taten mit der Verkündigung selbst und ihrer Akzeptanz gleichsetzt,[24] der verfügt in der Tat über nichts anderes als das zu verkündende Wort vom absoluten Anfang, der Jesus Christus heißt.

Da dieses Wort nicht argumentiert und nicht überredet und da der Verkündende sich auf keinen Status berufen kann, durch den das Wort Gewicht bekäme, ist der Akt der Gründung von Gemeinschaften ein hochgradig problematischer. Nichts in der Welt spricht dafür, daß der Apostel gehört wird, nichts spricht dafür, daß seine Botschaft aufgenommen wird — nichts spricht dafür, außer dem Wort des Apostels. Und das heißt: er muß sich ganz auf dieses Wort und die dem Wort selbst innewohnende Kraft verlassen, die jenseits hermeneutisch abgesicherter Zeichen und philosophischer Weisheit angesiedelt ist.

Die Kraft des Wortes nun, die nicht auf Rhetorik, Hermeneutik oder Philosophie und auch nicht auf den weltlichen Status des Redenden zurückgeführt werden kann, ist die Kraft der Zeugung, die Kraft einer Genesis (γέννησις), die etwas einmalig Neues beginnt.[25] Daß für den Apostel

[23] Gal 5,1: »Zur Freiheit hat uns Christus befreit.«

[24] Siehe auch 1 Thess 1,5 u. 2,13!

[25] Tatsächlich benutzt Paulus an den einschlägigen Stellen 1 Kor 4,15 und Philem 10 das Verb γεννάω (zeugen) im Aorist und betont damit

dabei die Gemeinden zu »Kindern« werden, die er in aller Drastik nicht nur »in Christus« als Frau und »durch die Frohe Botschaft« als Sperma gezeugt hat,[26] bedeutet alles andere als eine Abwertung der Gemeinden. Es meint vielmehr den in der voraussetzungslosen gegenseitigen Hinwendung ermöglichten Anfang eines Prozesses, welcher Anfang nicht festlegt, wie es weitergehen soll und wird, sondern den Prozeß offen hält. Ebendas meint Paulus, wenn er sagt, die Herrschaft Gottes sei nicht im Wort, in einem Logos (λόγος), zu finden, sondern in einer dynamischen Kraft (δύναμις):[27] während der Logos als eine verstehbare Sinneinheit doch nur die gängigen Erwartungshaltungen bedient und also den Kontext des Altbekannten nicht zu überschreiten vermag, bezeichnet die dynamische Kraft ein Wirken,[28] das den in der Zeugung gelegten Keim des Neuen allererst formt und bildet zu einer Gestalt, die man am Ende die »Gemeinschaft der Berufenen«, die ἐκκλησία, nennen mag.

Das, was bei der Gründung einer Gemeinde geschieht, liegt daher weit ab von dem, was Lehrer oder Erzieher tun. Erzieher und Lehrer nehmen in Empfang, was andere gezeugt haben, und bilden weiter an dem, was vorab entstanden sein muß, um hernach gebildet werden zu können. Dazu gehört, daß die zu Bildenden schon soweit geformt sind, daß sie überhaupt aufnahmefähig sind für das, was Erzieher und Lehrer ihnen zu bieten haben. Bevor es so weit ist, muß der wachsende Organismus nicht nur die Stadien embryonalen Wachstums bis zur Geburt durchlaufen,[29] sondern nach der Geburt noch alle Stadien des

die Einmaligkeit des Beginns (ingressiver Aorist).

26 1 Kor 4,14f.

27 1 Kor 4,20.

28 In Gal 2,8 benutzt Paulus daher das Verb »wirken« (ἐνεργέω).

29 Um die Galater liegt Paulus in Geburtswehen; Gal 4,19.

Säuglings und der Kindheit,[30] bis er endlich jene Phase des Selbstbewußtseins erreicht, da Lehrer und Erzieher ihre Arbeit beginnen können. Daher schreibt Paulus ganz zu recht, daß eine Gemeinde zwar viele Lehrer oder Erzieher (παιδαγωγοί) haben kann, aber nicht viele Väter.[31] Genaugenommen: eine Gemeinde kann immer nur einen Vater haben, und das ist der Apostel, der sie »gezeugt« hat.

Auf was es daher für die Legitimität eines Apostels einzig ankommt, ist dies: daß er in der absoluten Freiheit der neu beginnenden Botschaft Gehör zu finden und aus der Menge der Hörenden eine Gemeinde ins Leben zu rufen vermag.

Das aber heißt, daß die Legitimation eines Apostels keinem einmaligen Akt zu Beginn seines Wirkens entspringt, indem ihm etwa eine von der Welt akzeptierte Autorität, noch dazu vielleicht in einem förmlichen Akt, übertragen wird; vielmehr *erweist* sich die Legitimität eines Apostels in seinem Tun, indem die von ihm ins Leben gerufene Gemeinde auch wirklich am Leben bleibt — und das ist ein stets problematisch bleibender dynamischer Prozeß, der im nächsten Augenblick schon seine aufbauende Kraft verlieren kann, ohne daß der Apostel etwas anderes tun könnte, als zu ermahnen.[32] Wo die Dynamik indessen intakt bleibt und der Aufbau (die οἰκοδομή) der Gemeinde erfolgreich voranschreitet, ist die solchermaßen lebendige Gemeinde als »Siegel des Apostelamtes« der unwiderlegliche Nachweis apostolischer Legitimität. Dieser Logik

[30] 1 Kor 3,2: »Milch gab ich euch zu trinken statt fester Nahrung; denn diese konntet ihr doch nicht vertragen. Ihr könnt es aber auch jetzt noch nicht.« 1 Thess 2,7f.11: »Wie eine Mutter für ihre Kinder sorgt, so waren wir euch zugetan … Ihr wißt auch, daß wir, wie ein Vater seine Kinder, jeden einzelnen von euch ermahnt, ermutigt und beschworen haben …«

[31] 1 Kor 4,15.

[32] 1 Kor 14,26: »Alles geschehe so, daß es aufbaut.«

müssen letztlich auch die Vertreter der Urgemeinde folgen und Paulus während eines Treffens in Jerusalem als Apostel anerkennen: Paulus verfügt über dieselbe Wirkkraft (ἐνέργεια) wie Petrus, und daraus kann nur geschlossen werden, daß ihm dann auch dieselbe »Gabe« (χάρις) geschenkt wurde und er folglich ein gleichberechtigter Apostel ist.[33]

2 Umkehr

Wenn der wahre Apostel seine Legitimation dadurch gewinnt, daß er auf seinen Status verzichtet und alles darauf ankommen läßt, ob und wie die Gemeindegründung als »Werk im Herrn« gelingt, hat das natürlich Konsequenzen für die Gemeinden selbst. Auch die Gemeinden nämlich können dann nicht davon zehren, daß ihnen durch den Apostel ein bestimmter Status verliehen wurde, weshalb sie ihre Abgrenzung zur Umwelt und ihre interne Verfaßtheit aus anderen Kriterien ableiten müssen als denen eines »Gesetzes«, das ein für allemal und bis ins Detail festlegen würde, wer was wann wie tun darf.

Dem scheint zunächst zu widersprechen, wie Paulus den Vorgang der Verkündigung darstellt: der Apostel verkündet, das Verkündete wird gehört, und wenn das Gehörte geglaubt wird, dann kann man »anrufen« (ἐπικαλέω).[34] Demnach wäre die Gründung einer Gemeinde nichts anderes als die vom Apostel ausgehende Transmission einer Botschaft, die dann als gelungen zu betrachten ist, wenn

[33] Gal 2,7–10; vgl. Apg 15.

[34] Röm 10,14f.: »Wie sollen sie nun den anrufen, an den sie nicht glauben? Wie sollen sie an den glauben, von dem sie nichts gehört haben? Wie sollen sie hören ohne einen Verkündigenden? Wie sollen sie aber verkündigen, wenn sie nicht [als Apostel oder Botschafter] gesandt sind [ἀποσταλῶσιν]?«

die Gemeinde nach erfolgter Transmission zur Anrufung des Herrn schreitet.

Tatsächlich aber kann von einer solchen einfachen Transmission keine Rede sein, denn im Zentrum des gesamten Vorgangs liegt das Moment des Glaubens, das eine Lücke in der Übertragung markiert: Was auch immer der Apostel zu sagen hat, es vermittelt sich weder aufgrund einer dem Gesagten innewohnenden weltlichen Autorität, die sich als Gesetz der Hermeneutik oder als Gesetz philosophischer Spekulation fassen ließe, noch vermittelt es sich aufgrund einer vom Apostel glanzvoll gehandhabten Rhetorik oder der beeindruckenden äußeren Erscheinung des Paulus; vielmehr vermittelt es sich nur und ausschließlich dadurch, daß das gehörte Wort in seiner skandalträchtigen Torheit den weltlichen Übertragungsvorgang sistiert, um für die Möglichkeit seines Verständnisses folglich keine andere Instanz mehr in Anspruch nehmen zu können als die »dynamische Kraft Gottes« (δύναμις θεοῦ). Und an die allerdings muß man glauben.[35]

Nun ist der Akt des Glaubens freilich keine Willensentscheidung, zu der man sich nach sorgfältiger Prüfung des Für und Wider durchringen könnte, um nach der einmaligen Entscheidung hinfort auf der sicheren Seite zu stehen. Vielmehr ist der Glaube stets ein Glauben, ein offener Prozeß, der in seinem Gelingen gefährdet bleibt und an dessen Anfang eine Berufung steht, deren Ergehen eben nicht in der Kompetenz des Berufenen liegt, sondern alleine abhängt von der Transzendenz. Wo diese Berufung ergeht, schafft sie zunächst den ganz eigentümlichen Raum der Berufenen, die Ekklesia (ἐκκλησία), in dem Status- und andere Unterschiede keine Rolle mehr spielen: jeder, der berufen ist, ist in derselben Weise berufen, gleich, ob es sich um einen Apostel oder um ein

[35] 1 Kor 1,18; Röm 1,16.

Gemeindemitglied handelt.[36] Daraus leitet Paulus unmittelbar den Anspruch einer strikten Reziprozität innerhalb der Gemeinde ab: Aufgrund der für alle in den Raum der Ekklesia Berufenen gleichermaßen geltenden Berufung ist innerhalb der Ekklesia die Position eines jeden tauschbar, so daß alles darauf ankommt, diese Tauschbarkeit in der Praxis auch zu leben, indem jeder lernt, an der Stelle des anderen zu denken und zu handeln.[37]

Diese Reziprozität gilt nun aber erst recht für das Verhältnis von Gemeinde zu Apostel: der Apostel, der der Gemeinde tröstenden Zuspruch schenkt, erhält diesen Zuspruch seinerseits von der Gemeinde, so daß auch hier eine strenge Wechselseitigkeit[38] dafür sorgt, daß die Berufenen in der Dimension der Berufung einander gleichgeordnet sind. Der Statusverzicht des Apostels ist daher keine persönliche Marotte von Paulus, sondern notwendiges Moment der Gemeindestiftung, die ohne den Apostel als »Zeugen« zwar gar nicht zustande käme, die aber zugleich erst im Statusverzicht des Apostels in ihre Einheit als Gemeinde entlassen wird.

Daß Paulus so stark betont, er sei »allen alles geworden« und »allen in allem entgegengekommen«,[39] hat also genau darin seinen Grund, daß erst in der Dimension der Reziprozität und strikten Gegenseitigkeit die Gemeinde »eins«

[36] Paulus macht das zu Beginn des Römerbriefs deutlich, wenn er sich selbst einen »berufenen Apostel«, die Gemeinde in Rom aber »berufene Heilige« nennt. Röm 1,1.7.

[37] Röm 12,16: τὸ αὐτὸ εἰς ἀλλήλους φρονοῦντες — »Sinnt wechselseitig auf dasselbe.«

[38] Röm 1,12 formuliert das mit allem Gewicht: τοῦτο δέ ἐστιν συμπαρακληθῆναι ἐν ὑμῖν διὰ τῆς ἐν ἀλλήλοις πίστεως ὑμῶν τε καὶ ἐμοῦ. Also etwa: »Das aber heißt, mit euch zusammen getröstet zu werden durch euren und meinen wechselseitigen Glauben.«

[39] 1 Kor 9,22; 10,33.

sein kann.[40] Für den Apostel kann das nur heißen, daß er um der Einheit der Gemeinde willen werden muß wie jeder andere aus der Gemeinde.[41] Und für die Gemeinde insgesamt heißt das, in der Wechselseitigkeit der Binnenbezüge darauf zu verzichten, den anderen zu »richten«, will sagen: auf einem durch eine singuläre Position gegebenen Standpunkt einem anderen gegenüber zu beharren. Statt dessen liegt alles daran, den eigenen Standpunkt als einen Standpunkt »vor Gott«[42] zu begreifen und in diesem »vor Gott« der Tauschbarkeit der Standpunkte inne zu werden und in der Tauschbarkeit die fundamentale Bezogenheit aller auf alle zu erkennen: »Keiner von uns lebt sich selber, und keiner stirbt sich selber.«[43] Wo das gelingt, findet jene Umkehr im Denken (μετάνοια) statt, die nichts anderes ist als das Synonym für den mit dem Statusverzicht verbundenen Verzicht auf das »Richten« des anderen.[44] Und das allererst ist die Basis für die Einheit der Gemeinde.

Da nun aber im Zentrum dieser Umkehr nichts anderes zu finden ist als der Glaube, der ein Glauben ist, ist die Umkehr sowenig wie der Glaube als ein einmaliger Akt zu denken. Vielmehr ist auch die Umkehr ein Prozeß, der offen bleibt und in seinem Resultat nicht feststeht, so daß die gesamte von Paulus initiierte Bewegung tatsächlich eine Bewegung bleibt: ausgehend von der Berufung sind die Christen unterwegs zum Glauben und der aus dem Glauben gelebten Einheit der Berufenen. Und das bedeutet in letzter Instanz, daß der gesamte Prozeß des Unterwegs-

[40] Gal 3,28.
[41] Gal 4,12: »Ich bitte euch, Brüder: Werdet wie ich, denn auch ich bin geworden wie ihr.«
[42] Röm 14,22.
[43] Röm 14,7.
[44] Röm 2,4 und Kontext.

seins von einer Berufung abhängt, die dem Willen und Vermögen der betroffenen Person gänzlich entzogen und als eine Gabe zu betrachten ist, deren Ursprung im Geist (πνεῦμα) liegt.[45] Kurz: der Glaube an Jesus Christus und die aus dem Glauben erwachsende Einheit der Berufenen ist ein pneumatischer Prozeß, der sich nur dann in Richtung auf die Einheit in Christus umkehren kann, wenn er dabei zugleich auf seinen Ursprung als »Werk im Herrn« orientiert bleibt.

3 Gabe

Die Einheit der Berufenen, man muß das streng festhalten, ist eine Einheit im Hinblick auf die Berufung. Die daraus resultierende Reziprozität innerhalb der Gemeinde bedeutet aber nicht, daß faktisch alle auch alles können (sollen). Vielmehr gibt es in der Gemeinschaft der Berufenen ausdrücklich eine Vielfalt von Diensten (διακονίαι) und Gaben (χαρίσματα), die man für das Funktionieren der Gemeinschaften benötigt, wobei man aber zugleich gewährleisten muß, daß diese Vielfalt die Einheit der Gemeinden nicht aufs Spiel setzen. Die Frage ist daher, wie Paulus die Spannung zwischen Einheit und Vielheit ausbalanciert.

Er tut es dadurch, daß er drei Ebenen annimmt, auf denen sich das Problem von Einheit und Vielheit je anders stellt.

Die oberste Ebene ist die der Schöpfung; hier kommen Wirkkräfte (ἐνεργήματα) zum Tragen, die ihren Grund in dem einen Gott haben, der »alles in allem« bewirkt.[46] Auf der Ebene der Gemeinde dagegen lokalisiert Paulus die

[45] Röm 12,4.11

[46] ὁ δὲ αὐτὸς θεός, ὁ ἐνεργῶν τὰ πάντα ἐν πᾶσιν. 1 Kor 12,6.

Dienste, deren Pluralität er auf den Singular des einen Herrn (κύριος) zurückführt. Und auf der Ebene der Individuen schließlich manifestieren sich Gaben, deren Vielfalt der eine Geist (πνεῦμα) schenkt.[47]

Dabei verläuft nun ganz offensichtlich zwischen der Schöpfungsebene auf der einen und den beiden Ebenen der Gemeinde und Individuen auf der anderen Seite ein kategorialer Schnitt.

Während nämlich die Schöpfung insgesamt mit ihren Wirkkräften durch ihren Ursprung im einen Gott auf die Einheit und Selbigkeit dieses Gottes (ὁ αὐτὸς θεός) bezogen bleibt, so daß sich »alles« (τὰ πάντα) als Werk (ποίημα) Gottes verstehen läßt,[48] gibt es auf der Ebene der Menschen kein Handlungssubjekt, durch das *alles* menschliche Handeln sich als *ein* Werk darstellen ließe. Daher konstituiert sich die Einheit der Menschen und des von ihnen bezweckten Werkes nicht durch den gemeinsamen Ursprung ihres Handelns, sondern durch ihr gemeinsames Handlungsziel. Dieses Ziel lautet für die gemeindeaufbauenden Dienste »Herr« und also »Jesus Christus«, durch den »alles« ist und »alle« sind, aber eben nicht im Sinne einer geschöpflichen Herkunft, sondern im Sinne einer eschatologischen Zukunft, die darauf angelegt ist, daß am Ende der Zeit Gott »alles in allem« sein wird.[49]

Man darf das natürlich nicht so verstehen, als könne der Mensch eines Tages direkt in die Schöpfung eingreifen und ihr von sich aus eine eschatologische Wende geben. So sehr man das immer wieder zu denken und zu realisieren versucht hat,[50] so sehr steht es außerhalb des Horizonts

[47] 1 Kor 12,4–6.

[48] Röm 1,20.

[49] Ὁ θεὸς πάντα ἐν πᾶσιν. 1 Kor 15,28.

[50] Zu den neuesten Versprechungen einer medientechnischen Umsetzung des Eschaton siehe Jochum: *Kritik der Neuen Medien*.

der paulinischen Theologie, die vielmehr darauf setzt, daß sich in der Orientierung der Gemeinde und aller ihrer Mitglieder auf Christus nicht nur die Einheit der Gemeinde aufweisen läßt,[51] sondern auch in der gemeinsamen Richtung auf Christus jeder einzelne eine Umkehr vollzieht, die es ermöglicht, einander wechselseitig anzunehmen, ohne sich gegenseitig zu richten.

Nun hat freilich die Gemeinde diese eschatologische Richtung nicht von sich aus eingeschlagen, sondern durch den initialen Akt des zeugenden Apostels erhalten. Daher steht der Apostel an erster Stelle der gemeindlichen Dienste: seine Verkündigung hat jenes Handlungsziel ausgerufen, dem die Gemeinde folgt. Damit sie aber folgen kann, benötigt sie neben dem gründenden Apostel Propheten und Lehrer,[52] die ihr sagen, wie es um sie steht.

Die Propheten tun das in der Weise, daß sie das in den Herzen der Menschen Verborgene prüfen und beurteilen[53] und also die Gemeindemitglieder über sich selbst aufklären, während die Lehrer die Gemeinde in der Lehre (διδαχή) unterweisen und sie also über ihren Glauben aufklären. In beiden Fällen handelt es sich um eine Erweiterung der Erkenntnis (γνῶσις) dessen, was im Betroffensein durch die anfängliche Offenbarung angelegt wurde[54] — eine Erkenntnisausweitung, die die eigene Person miteinbezieht und daher das Lernen mit der Ermutigung im Glauben verbindet.[55]

Ihren Abschluß finden diese gemeindebezogenen Dienste auf der direkten Organisationsebene, wo man Per-

[51] πάντες γὰρ ὑμεῖς εἷς ἐστε ἐν Χριστῷ Ἰησοῦ. »Alle nämlich seid ihr einer in Christus Jesus.« Gal 3,28.

[52] 1 Kor 12,28.

[53] 1 Kor 14,24f.

[54] Beachte hierzu die Zusammenstellung der Begriffe »Offenbarung«, »Erkenntnis«, »Prophetie« und »Lehre« in 1 Kor 14,6.

[55] 1 Kor 14,31.

sonal für Leitungsaufgaben (προϊστάμενοι) braucht, für bestimmte Aufgaben Aufseher (ἐπίσκοποι) benötigt und schließlich ohne Personen, die (karitative) Dienste erfüllen (διάκονοι), nicht auskommen kann.[56]

Wenn Paulus endlich die Vielfalt der persönlichen Gaben auf den Geist zurückführt, der stets »ein und derselbe« ist,[57] dann schließt er diese Vielfalt zunächst insofern an die Schöpfungsebene an, als die Gaben *als Gaben* primär keine persönlichen Verdienste sind, sondern in ihrer Herkunft aus jener Zone begriffen werden müssen, die im Bereich dessen, was sichtbar vor aller Augen liegt, vielfältige Gestalten hervortreibt, selbst aber nicht der Vielfalt der Gestaltungen unterliegt, sondern nur als eine einheitliche, die gesamte Schöpfung tragende dynamische Kraft verstanden werden kann: als Gott.[58]

Da das Verständnis des Zusammenhanges von vielgestaltigen Begabungen und ihrem tragenden Grund in Gott jedoch nur denen möglich ist, denen der Geist geschenkt wurde,[59] und da dieses Geschenk wiederum daran gebunden ist, daß man glaubt, bezeichnet die im Pneuma konstituierte Einheit der individuell durch ihre Begabungen differenzierten Gemeindemitglieder eine ontologische Dimension, die sich nur dem an Jesus Christus Glaubenden vermittelt, der sich in diesem Glauben auf Gott hin orientiert.

[56] 1 Thess 5,12; Röm 12,8 u. 16,1; Phil 1,1.

[57] 1 Kor 12,11.

[58] Röm 1,19: διότι ὁ γνωστὸν τοῦ θεοῦ φανερόν ἐστιν ἐν αὐτοῖς· ὁ θεὸς γὰρ αὐτοῖς ἐφανέρωσαν. Etwa: »Denn das Wißbare von Gott ist ihnen sichtbar vor Augen gelegt. Der Gott nämlich hat es ihnen sichtbar vor Augen gelegt.« Dazu 1 Kor 12,7: ἑκάστῳ δὲ δίδοται ἡ φανέρωσις τοῦ πνεύματος πρὸς τὸ συμφέρον. Etwa: »Jedem aber wurde gegeben das Sichtbar-vor-Augen-Liegen des Geistes zum gemeinsamen Nutzen.«

[59] 1 Kor 2,12.

Man darf darüber nicht allzu rasch hinweggehen. Denn was Paulus hier vornimmt, bedeutet im Grunde eine Inversion der Ontologie: die Fundierung der Schöpfung in Gott ist für Paulus keine rein erkenntnistheoretische Angelegenheit, die sich mit der puren Feststellung des Fundierungsverhältnisses zufrieden geben könnte; vielmehr handelt es sich für den Apostel um einen das eigene Handeln bestimmenden Erkenntnisprozeß, der erst dann wirklich erfüllt ist, wenn er tatsächlich handlungsleitend geworden ist und also in der Zukunft zu realisieren unternimmt, was er ontologisch voraussetzt. Paulus hat diese handlungsrelevante Umkehr der Ontologie immer wieder unter dem Stichwort des »Herzens« (καρδία) thematisiert,[60] dessen Öffnung für die christliche Lehre ein neues auf die Zukunft gerichtetes Handeln allererst ermöglicht[61] und dabei jene Einheit der Gemeinde herstellt, die ein Vorschein der am Ende der Zeit sich einstellenden göttlichen Einheit des »alles in allem« ist.[62]

In dieser Dimension des gemeindestiftenden Handelns ist der Apostel ein »Mitarbeiter Gottes«:[63] er gibt der Gemeinde in der Gründung die Orientierung auf Christus und damit auf Gott und sorgt auf diese Weise dafür, daß die Gemeindemitglieder ihre vielfältigen Begabungen so zusammenführen können, daß sie einander nützen und in ebendem gemeinsamen Nutzen die Gemeinde aufbauen.[64] Und das bedeutet für jedes einzelne Gemeindemitglied, seine persönliche Begabung nicht hintanzustellen und allen anderen gleich zu werden, sondern die je besondere Begabung als Beitrag zum Aufbau der Gemeinde zu

[60] Röm 1,21; 10,10 u. ö.
[61] Vgl. Röm 6,17.
[62] 1 Kor 15,28.
[63] 1 Kor 3,9; 2 Kor 6,1.
[64] 1 Kor 12,7.

verstehen.[65] Wie man sich den konkreten Modus vorzustellen hat, unter dem es gelingen soll, die Vielfalt der Begabungen für den Aufbau der einen Gemeinde nutzbar zu machen und dabei die Umkehr im Alltag zu leben, hat Paulus unter dem Titel der »Liebe« thematisiert.

4 Liebe

Es hat immer wieder verblüfft, daß Menschen bereit sind, moralisch zu handeln und für sich und ihresgleichen Verantwortung zu übernehmen. Tatsächlich ist die Bereitschaft zu moralischem Handeln nicht leicht zu erklären, so daß sich von naturalistischen (Moral ist Effekt eines biologischen Selbsterhaltungstriebes oder neuronaler Prozesse) bis hin zu utopisch-politisch-szientifischen (moralisch ist, was der Verwirklichung eines zukünftiges Bestzustandes der Welt dient) alle möglichen Konzeptionen finden lassen, die Moral herleiten wollen.

Wie immer man sich die Sache bislang auch erklärt haben mochte und in Zukunft weiter erklären wird, es bleibt der merkwürdige Umstand, daß Moral nicht einfach zu haben ist; denn jeder Versuch, Moral zu begründen, kommt (mit der einzigen Ausnahme der naturalistischen Erklärungsmodelle, die im Grunde Moral ja nicht erklären, sondern *weg*erklären) früher oder später an den wunden Punkt, da er feststellen muß, daß Moral nicht etwas ist, was man ein für allemal besitzen kann, sondern etwas, das man sich immer wieder neu erkämpfen muß.

Kant hat daher ganz zu Recht davon gesprochen, der moralische Zustand des Menschen sei der der »*Tugend*, d. i. moralische Gesinnung im *Kampfe*, und nicht *Heiligkeit* im vermeinten *Besitze* einer völligen *Reinigkeit* der

[65] 1 Kor 14,26.

Gesinnungen des Willens.«[66] Wobei der Kampf, um den es hier geht, kein Kampf zwischen dumpfem Wollen und klarem Entscheiden auf der Basis vernünftiger Überlegungen ist. Vielmehr ist der Kampf tatsächlich ein Kampf auf der Ebene des Willens selbst. Denn daß wir bisweilen etwas nicht tun, was wir wollen, und bisweilen etwas tun, was wir nicht wollen, heißt ja nichts anderes als: das, was wir wollen, ist nicht das, was wir eigentlich wollen sollen.[67]

Damit geht mitten durch unseren Willen ein Riß hindurch und spaltet ihn in einen »Ich-will« und einen »Ich-will-nicht«,[68] ohne daß wir dieser Spaltung willentlich Herr werden könnten. An dieser Stelle scheint keine Vernunft der Welt weiterkommen zu können und sich mit der Anerkenntnis bescheiden zu müssen, daß »die Moral, die den Affekten gebieten soll, selber eines Affektes bedarf«, um Moral sein zu können.[69] Nur: welcher Art müßte ein Affekt sein, daß er die Moral auf ihrer Bahn hält und nicht auf Abwege schickt?

Kant war der Meinung, »das einzige echte moralische Gefühl«[70] gründe auf der Achtung fürs moralische Gesetz und den daraus entspringenden Handlungen aus Pflicht.[71] Denn aus Pflicht und damit unter Achtung des moralischen Gesetzes vollzogene Handlungen seien solche, die eine heteronome Bestimmung des Willens etwa durch Naturgesetze, persönliche Neigungen oder Triebe ausschließen, um in diesem Ausschluß heteronomer Beweggründe die Autonomie des Willens und damit Freiheit

[66] Kant: *KdpV*, A 151.
[67] Röm 7,19.
[68] »Ich-will« und »Ich-will-nicht« sind Wortprägungen Hannah Arendts. Siehe Arendt: *Vom Leben des Geistes*, S. 304.
[69] Jonas: *Das Prinzip Verantwortung*, S. 165.
[70] Kant: *KdpV*, A 152.
[71] ebd., A 126 u. ö.

zu realisieren.[72] Diese Freiheit sichert Kant dadurch, daß er die Pflicht auf die Idee der »Persönlichkeit« zurückführt, die er als »Freiheit und Unabhängigkeit von dem Mechanismus der Natur« versteht,[73] wobei diese Freiheit und Unabhängigkeit freilich nur gewahrt werden könne, wenn der Mensch in seinem Handeln sich selbst und den Mitmenschen nicht als Mittel zu Zwecken mißbraucht, sondern als Zweck an sich selbst respektiert. Der kategorische Imperativ ist nichts anderes als die gnomische Formulierung dieses Verhältnisses,[74] das in seinem Kern ein Selbstverhältnis ist: wer pflichtgemäß will, will zunächst sich selbst als Persönlichkeit, d. h. er will sich selbst in seiner Freiheit und in seiner Unabhängigkeit vom Naturmechanismus, er will sich als moralisches Wesen — und indem er sich auf diese Weise will, achtet er zugleich das moralische Gesetz, dessen alleiniges Prinzip die Autonomie des Willens ist. Weil er nun aber in diesem moralischen Wollen implizit anerkennt, daß die Persönlichkeit kein Mittel zum Zweck ist, übersteigt er das reine Selbstverhältnis des Willens und erkennt zugleich an, daß jede andere Persönlichkeit gleichfalls kein Mittel zum Zweck sein darf.

Das von Kant ins Spiel gebrachte moralische Gefühl widerstreitet der Autonomie des Willens nicht. Denn bei Kant liegt das moralische Gefühl moralischem Handeln nicht als Bedingung der Möglichkeit *zugrunde*, sondern ist eine *Folge* moralischen Handelns, indem die Idee der Pflicht unser selbstsüchtiges und selbstverliebtes Wollen demütigt und in dieser Demütigung Achtung fürs moralische Gesetz erheischt. Anders formuliert: der *Grund*

[72] ebd., A 58 f.
[73] ebd., A 155.
[74] ebd., A 54: »Handle so, daß die Maxime deines Willens jederzeit zugleich als Prinzip einer allgemeinen Gesetzgebung gelten könne.«

moralischen Handelns liegt nicht in einem Gefühl, auch wenn es Gefühl braucht, um dem Handeln eine Triebfeder zu verleihen; der Grund moralischen Handelns liegt vielmehr in der Erkenntnis a priori des moralischen Gesetzes selbst,[75] wie es im kategorischen Imperativ formuliert ist.

Sich und andere mit dem Gefühl der Pflicht je als Persönlichkeit wollen — das ist der Kern der Kantischen Ethik. Dabei muß man freilich das, was Kant mit »Persönlichkeit« meint, streng von der »Person« trennen. Während die Person zur Sinnenwelt gehört, gehört die Persönlichkeit einer »intelligibelen Welt« an und unterwirft in den aus Pflicht erfolgenden Handlungen die Person.[76]

Diese Unterwerfung der sinnlichen Person unter die Idee der Persönlichkeit hat vielfältige Kritik erfahren. Schließt sie nicht all jene Momente als »pathologische« Affizierungen unseres Willens aus,[77] durch die wir faktisch Glück erfahren (unseren Leib, die breite Palette der Gefühle, die Phantasie, das Glück des gelingenden Handelns ...), um in diesem Ausschluß unsere Person mitsamt ihrer Sinnlichkeit dem Gesetz eines kategorischen Imperativs zu unterwerfen, der unter dem Namen der »Persönlichkeit« eine objektlose Innerlichkeit zelebriert, die nichts anderes ist als eine in die Subjekte eingeschriebene allgegenwärtige Kontrolle des Partikularen und Widerständigen, um die Subjekte auf diese Weise nur desto besser den ökonomischen Bedürfnissen der bürgerlichen Gesellschaft einfügen zu können?[78]

[75] Kant: *KdpV*, A 130: »Also ist Achtung fürs moralische Gesetz ein Gefühl, welches durch einen intellektuellen Grund gewirkt wird, und dieses Gefühl ist das einzige, welches wir völlig a priori erkennen, und dessen Notwendigkeit wir einsehen können.«

[76] ebd., A 155.

[77] ebd., A 151 u. ö.

[78] So, in der Nachfolge von Horkheimers und Adornos *Dialektik der Aufklärung*, Böhme/Böhme: *Das Andere der Vernunft*, Kap. VI.

Tatsächlich muß man sich hier entscheiden: Wer meint, ethisches Handeln über Sinnlichkeit (verstanden in einem sehr weiten Sinn) motivieren zu können, um dem Menschen auf diese Weise jenes Glück zu verschaffen, das aus der Bedienung der Sinnlichkeit resultiert, der wird sich von Kant abwenden und dann aber die Frage beantworten müssen, wie er aus der Sinnlichkeit des Menschen, vom Sinneseindruck und seinen Effekten bis hin zu Sexualität und Aggression, den Funken der Moral schlagen will. Mag sein, daß, wer so zu leben versucht, intensiver als andere zu leben vermeint; nur handelt es sich eben um eine Intensität, die im Extrem in die Zerstörung der eigenen oder einer anderen Person umschlagen kann, ohne daß man einer solchen Zerstörung unter notfalls polizeibewehrtem Hinweis auf die fehlende Verallgemeinerbarkeit des Zerstörens dann noch Einhalt gebieten könnte.[79]

Wer das nicht will, muß sich der nicht nur begrifflichen Anstregung unterziehen, zu erkennen, daß das eigene wie auch immer motivierte Wollen noch lange nicht das ist, was wir wollen sollen. Und das heißt, um einmal psychologisch zureden, die narzißtische Kränkung durchzustehen, die darin liegt, daß unser kleines persönliches Glück weder identisch ist mit dem, was wir momentan gerade wollen, weil »es« uns so überkommt, noch identisch ist mit dem, was wir im Gegensatz zu allen anderen und dann auch rücksichtslos durchsetzen wollen; wer solche narzißtischen Kränkungen anzunehmen bereit ist, hat ungemütliche Zeiten vor sich, an deren Ende er sich dann

[79] Was im Kontext der 1970er und 1980er Jahre unter dem Zeichen des Lustgewinns sich als Befreiung von bürgerlichen Normen geben konnte, zeigt sich im ganz anderen Kontext der Jahre seit 1990 unter dem Zeichen gesellschaftlicher Desintegration als Zunahme hemmungsloser krimineller Gewalt, die sich ideologisch verbrämt. Siehe dazu Langer: *»Die will einfach nicht verrecken«*.

allerdings als ein Erwachsener wiederfinden kann, der sein privates Glück mit den Interessen der Allgemeinheit in der Dimension der Freiheit abzustimmen weiß.

Es geht also nicht darum, Glück aus der Moral auszuschließen, sondern darum, eine Form von Glück zu finden, die mit der Freiheit kompatibel ist. Um das zu realisieren, dürfen freilich keine Notwendigkeiten und Nötigungen ins Spiel kommen, weil sonst die Freiheit schon im Ansatz zunichte gemacht wäre. Ebendas meint Kant, wenn er sagt, das Grundgesetz der praktischen Vernunft sei »unbedingt«:[80] es handelt sich wirklich um ein Gesetz, das durch keine empirischen Verhältnisse bedingt ist und daher als »Faktum der reinen Vernunft« betrachtet werden muß.[81]

Das heißt nichts anderes als: Moral kann nicht deduziert werden. Und das hat die für Rigoristen unangenehme Folge, daß eine solche indeduzible Moral jenseits des Kreises vernünftiger Wesen, die Kants Ethik im Blick hat,[82] auch keine Bindungskraft hat: Wer, wie es der Marquis de Sade vorgeführt hat, andere Menschen zwecks eigenen Lustgewinns mißbrauchen will, der wird es tun, aber er wird es tun mit einer Vernunft, die nur dem Namen nach mit der von Kant gemeinten Vernunft übereinstimmt. Denn die Vernunft de Sades ist in jedem Zug eine instrumentelle Vernunft und als solche »apathisch«:[83] sie läßt sich vom anderen nicht affizieren, sondern bemächtigt sich seiner als eines Objekts, um ihn für das eigene Bedürfnis zuzurichten und zu verbrauchen. Die (praktische) Vernunft hingegen, von der Kant spricht, ist eine Vernunft, die den

[80] Kant: *KdpV*, A 57 u. ö.
[81] ebd., A 56, 81.
[82] ebd., A 35.
[83] Böhme/Böhme: *Das Andere der Vernunft*, S. 346.

Menschen als »Zweck an sich selbst« betrachtet.[84] Daß in ihr das nicht deduzierbare moralische Gesetz als ein Faktum gefunden werden kann, macht ihren unvergleichlichen Charme aus, denn ein solches Gesetz ist überhaupt kein Gesetz, das uns zu etwas *nötigen* könnte, vielmehr ist es ein »Gesetz«, das uns *motivieren* soll, die Idee der Freiheit »als eines Vermögens absoluter Spontaneität« zu realisieren.[85]

Die Moral, die wir bei Kant finden, ist in der Tat eine im doppelten Sinne schwache Moral: sie ist grundlos (man kann sie nicht deduzieren), und sie gilt nur für moralische Wesen (unmoralische Wesen bindet sie nicht). Diese bodenlose Schwäche erklärt, warum man immer wieder versucht hat, ein zwingendes Fundament der Moral zu finden, sei es, daß man auf beistimmungsfähige Affekte spekulierte, die man, je nach Geschmack, aus organischen bzw. psychischen Untiefen des Subjekts zu heben versuchte (ethischer Naturalismus), sei es, daß man Moral aus emotional aufgeladenen Dingen herleiten wollte, an deren Bestand man ein Interesse haben sollte (Hans Jonas' Verantwortungsethik).

Und spätestens hier muß man über die christliche Liebe sprechen, von der man gemeinhin ja annimmt, sie trage genau eine solche emotionale Komponente in die Ethik ein. Kant hielt das für »moralische Schwärmerei«,[86] die er schon deshalb ablehnen mußte, weil sie unter dem Titel der »Liebe« doch nur dazu führen konnte, »bloß aus eigener Lust« zu handeln, anstatt Handeln an der Pflicht auszurichten.[87] Hinzu kommt, worauf Hannah Arendt

[84] Kant: *KdpV*, A 156.
[85] ebd., A 84.
[86] ebd., A 153.
[87] ebd., A 146 f.

hingwiesen hat:[88] Wer von der Liebe zum Guten ergriffen wird und in Liebe zu handeln unternimmt, kann das eigentlich nur im Verborgenen tun, denn sobald die Liebe sich in den öffentlichen Raum drängt, wird sie korrupt; will sie nicht korrupt werden, muß sie im Verborgenen bleiben und sich in einem negativen Bezug zum Raum der Öffentlichkeit halten. In dieser Negation aber tendiert die Liebe laut Hannah Arendt zu der für das Christentum charakteristischen Unweltlichkeit und Weltflucht. Und in dieser Weltflucht, so darf man schließen, verkümmert die Kantische Idee der Persönlichkeit samt ihrer absoluten Spontaneität der Freiheit zu einem privatistischen Phänomen.

Nun ist es allerdings so, daß die Kritik an der religiösen Schwärmerei der Liebe mitsamt der Kritik am christlichen Zug ins Private genau das *nicht* trifft, was Paulus mit dem Wort »Liebe« (ἀγάπη) ursprünglich bezeichnen wollte. Schon das Griechisch der Septuaginta, das für das Wortfeld ἀγάπη prägend wurde, meinte damit nicht den religiösen Überschwang einer womöglich auch noch sinnlich konnotierten Liebe, sondern die Liebe, die von Gott ausgeht oder sich auf Gott richtet, sowie die Liebe zum Nächsten und die Liebe zur Weisheit,[89] ein Bedeutungskonglomerat also, das sich grob zusammenfassen läßt als »Zuneigung von Menschen zueinander« und »Zuneigung Gottes zu den Menschen und umgekehrt«.[90] Der Ort dieser Liebe ist nicht das Herz des individuellen Christen, sondern zunächst die Gemeinschaft der Gläubigen, die sich wechselseitige Liebe schulden.[91]

[88] Arendt: *Vita activa*, S. 62 ff. u. S. 89 ff.
[89] Der sprachgeschichtliche Befund ist aufgearbeitet bei Söding: *Das Wortfeld der Liebe*.
[90] Wischmeyer: *Liebe*, S. 139.
[91] Röm 13,8.

Auch wenn die Gemeinschaft der Gläubigen mit dem politisch-öffentlichen Raum natürlich nicht homolog ist, heißt das noch lange nicht, sie sei damit auf eine Negation dieses öffentlichen Raumes hin angelegt. Was Paulus vielmehr intendiert, ist eine Grundlegung des öffentlich-politischen Raumes auf der Basis einer Liebe, die die geforderte Wechselseitigkeit und Tauschbarkeit der Standpunkte unmittelbar praktisch werden läßt und damit eine neue Form von Gemeinschaft begründet, die nicht auf dem die hellenistische Kultur — und nicht nur diese — kennzeichnenden Prinzip agonistischer Konkurrenz beruht, sondern die konkurrierende Vielfalt auf eine umgreifende Einheit bezieht und damit hegt.

Die Intention, die Paulus verfolgt, wird vielleicht deutlicher, wenn man sie mit dem kontrastiert, was Aristoteles für die griechische politische Philosophie vorausgedacht und vorausgesetzt hatte.

Für Aristoteles beginnt alle staatliche Gemeinschaft mit dem Bedürfnis der Fortpflanzung und dem Bedürfnis der Lebenserhaltung, wobei das Fortpflanzungsbedürfnis für die grundlegende Polarität einander zugeordneter Wesen sorgt (männlich/weiblich), während das Bedürfnis der Lebenserhaltung den Bezug der Menschen zueinander sogleich hierarchisiert, um dank Unter- und Überordnung in Herrschen und Dienen die Struktur einer Gemeinschaft auszubilden. Sobald nun die mit Notwendigkeit andrängenden Bedürfnisse auf der Ebene der Gemeinschaft gestillt sind, tritt der Staat auf den Plan, der nicht einfach die unterschiedlichen Bedürfnisse umfaßt, sondern in entscheidender Weise die Frage stellt, nach welchem »Gut« (ἀγαθόν) sich die Gemeinschaft überhaupt orientieren soll. Es ist also die Entlastung vom unmittelbaren Druck der Bedürfnisse und das Aufkommen der Frage nach dem »Guten«, wodurch aus der Bedürfnisgemeinschaft eine politische Gemeinschaft (κοινονία πολιτική) und damit der Staat hervorgeht.[92]

Damit hat Aristoteles der Entwicklung von der vorstaatlichen Gemeinschaft zum Staat aber insgeheim eine teleologische Richtung verliehen. Denn wenn es zwingend notwendig ist (ἀνάγκη),[93] daß männliche und weibliche Lebewesen sich zwecks Fortpflanzung miteinander vereinigen, wenn es außerdem ein Naturgesetz (φύσει) ist,[94] daß es weitsichtige Herrschaft und einen die Weitsicht realisierenden (Sklaven-) Dienst gibt, dann findet diese Mischung von Notwendigkeit und Naturgesetz tatsächlich im Staat zu sich selbst, insofern nun endlich über die Bedürfnisse als Bedürfnisse reflektiert und befunden werden kann. Dazu ist der Mensch als ein auf den Staat gerichtetes Lebewesen (ζῷον πολιτικόν) mit der Sprache begabt worden (ζῷον λόγον ἔχον), denn anders als in Sprache läßt sich über das, was nützlich oder schädlich, gerecht oder ungerecht ist, nicht urteilen.[95]

Paulus unterläuft diese Argumentation, indem er die naturalistische Struktur der Bedürfnisse, an deren Anfang Aristoteles den Fortpflanzungstrieb setzt, aufkündigt: Es gibt von Natur aus keine Notwendigkeit, daß sich ein Mensch mit einem anderen Menschen vereinigt, denn das, was der Mensch je ist, ist er durch eine Gabe (χάρισμα) Gottes, zu der er sich verhalten muß, so daß er frei ist, sich mit jemand anderem zu verbinden oder nicht zu verbinden.[96]

Die Frage der Verbindung zweier Menschen stellt sich für Paulus daher nicht auf der Ebene naturaler Bedürfnisse,

92 Aristoteles: *Politik*, 1252a–1253b.
93 ebd., 1252a 25.
94 ebd., 1252a 30.
95 ebd., 1253a–1253b.
96 1 Kor 7,7–9.

sondern auf der Ebene dessen, was er »Leib« (σῶμα) nennt. Dieser nämlich ist für ihn nicht einfach das benutzbare Vehikel einer im Leib agierenden Persönlichkeit, sondern der gesamte Mensch, wie er in der Welt erscheint und handelt. Das heißt gerade nicht, dem blind zu folgen, was der Leib uns vielleicht aufzwingen möchte; es heißt vielmehr, in die physische Existenz eine Unterscheidung einzutragen, die Aristoteles so nicht kannte: daß wir uns in und mit unserem gottgeschenkten Leib zu uns selbst in unserer Leiblichkeit verhalten können und wir also der Leib sind, den wir handelnd realisieren.[97] Anders gesagt: der Leib beschreibt nicht die Dimension einer naturalen Nötigung, sondern bezeichnet ein Selbstverhältnis, das in die vorgeblich nötigende Natur ein reflektives Moment einbringt und damit die Nötigung suspendiert.

Nur derjenige, der dieses reflexive Entscheidungsmoment übersieht, kann einer Leiblichkeit verfallen, die nichts weiter sein will als eine auf die Physis reduzierte Leiblichkeit, die Paulus »Fleisch« (σάρξ) nennt.[98] Wo aber das reflexive Entscheidungsmoment beachtet wird, ist die Leiblichkeit nicht mehr »sarkisch«, sondern »pneumatisch«, will sagen: auf den Neuanfang in Christus den Herrn hinorientiert.[99]

Dieser pneumatische Neubeginn des Leibes meint eines ganz gewiß nicht: daß Sexualität nicht mehr sein soll. Vielmehr zielt der pneumatische Neubeginn auf die Beachtung des im Leib zum Ausdruck kommenden Selbstverhältnisses, wodurch die Sexualität von ihrer triebhaften Nötigung befreit wird und hinfort niemand mehr behaupten kann, er sei zur Befriedigung seiner Sexualität gezwun-

[97] Dazu und zum Folgenden Bultmann: *Theologie des Neuen Testaments*, § 17.
[98] 1 Kor 6,16 u. ö.
[99] 1 Kor 6,17; vgl. Röm 8,8ff.

gen, sich des Körpers eines anderen Menschen gegen dessen Willen und/oder gegen Bezahlung zu bedienen. Wer so denkt und handelt, gebraucht und mißbraucht nicht alleine einen anderen Körper, sondern gebraucht und mißbraucht den Leib eines anderen Menschen und damit den gesamten anderen Menschen. Weil der Leib aber eine Reflexionsbestimmung ist und ein Selbstverhältnis markiert, bedeutet der Gebrauch und Mißbrauch eines fremden Leibes immer zugleich den Gebrauch und Mißbrauch des eigenen Leibes und damit der eigenen Person, die im rein instrumentellen Verhältnis zum Körper — dem fremden und dem eigenen — auf ein physisches Objekt, einen sarkischen Gegenstand zurückfällt. »Unzucht« (πορνεία) ist der Begriff, der dieses rein instrumentelle Verhältnis zum Körper beschreibt: als Verhältnis zu einem bloßen Objekt, das man auf einem Markt erwerben und ge- und verbrauchen kann. Daher schreibt Paulus mit größtem Recht und sehr klar: »Jede andere Sünde, die der Mensch tut, bleibt außerhalb des Leibes. Wer aber Unzucht treibt, versündigt sich gegen den eigenen Leib.«[100]

Der Abstand des Leibes vom physischen Körper als eines bloßen Objekts bedeutet zugleich Abstand von der Reproduktion einer Welt (κόσμος),[101] die Beziehungen nur als Objektbeziehungen kennt, in denen die Objekte zuletzt verbraucht werden — und seien diese Objekte der eigene oder fremde Körper. In einer solchen Welt der Objektbeziehungen kommt alles darauf an, daß die Objekte gefallen, denn alleine das Gefallen ist der Modus des Zusammenhangs der Objekte; was nicht gefällt, bleibt außerhalb des Kreises der Aufmerksamkeit sich selbst überlassen und kann zugrunde gehn. Damit wird nun aber

[100] 1 Kor 6,18.

[101] Zu den Schattierungen des κόσμος-Begriffs bei Paulus siehe Bultmanns *Theologie des Neuen Testaments*, § 26.

durch den Modus des Gefallens in die Welt der Objekte nicht nur eine Spaltung eingeführt (die schönen und guten versus die häßlichen und schlechten Objekte), sondern das Verhalten der Menschen den Objekten gegenüber durch die Sorge gesteuert,[102] die begehrten Objekte zu erhalten oder zu vermehren, um am Ende doch immer wieder damit konfrontiert zu werden, daß die Objekte *als Objekte* gar nicht dauerhaft erhalten und vermehrt werden können, weil der Objektbezug selbst es ist, der sie verbraucht.

Indem nun der pneumatisch verstandene Leib den Menschen außerhalb solcher Objektbeziehungen situiert, kann er ganz zu Recht ein »Tempel« heißen,[103] weil mit dem Tempel ein heiliger Bezirk gesetzt ist, in dem es nicht um instrumentelle Bezüge geht, sondern um den in Gott gründenden Sinn der Welt. Daß der konkrete Ort ebendieses Sinnes der Leib des Menschen ist und der Leib selbst als heilig qualifiziert wird, meint keine invariante Eigenschaft des Menschen, die ihm durch den Glauben ein für allemal verliehen worden wäre, sondern eine umfassende Umorientierung, die das Erscheinen der Heiligkeit im Leib tatsächlich immer wieder neu und also pneumatisch leben muß. Daher die Aufforderung des Apostels, im Leib Gott zu Glanz und Ansehen zu bringen (δοξάσατε).[104]

Das ist alles andere als graue Theorie, wie Paulus am Beispiel der Partnerschaft von Mann und Frau erläutert. Denn daß es sich wirklich um eine Partnerschaft und kein durch Sexualität gesteuertes Dominanzverhältnis handelt, macht der Apostel schon dadurch deutlich, daß er auf dem Leib als einem Reflexionsverhältnis besteht und also den eigenen Leib nicht zum verfügbaren Instrument der

[102] 1 Kor 7,32–35.
[103] 1 Kor 3,16f.; 6,19.
[104] 1 Kor 6,20.

eigenen Person erklärt, sondern den Leib in das Verfügungsrecht (ἐξουσιάζω) des Partners stellt und damit die Wechselseitigkeit des Verfügungsrechts und der Leiblichkeit herausstellt.[105]

Innerhalb dieses Rahmens läßt sich Sexualität dann neu verstehen als ein partnerschaftlicher Bezug jenseits angeblicher Naturnotwendigkeiten, so daß sich in der Sexualität folglich nicht mehr die Stimme der Natur meldet, sondern die ganz andere Stimme einer »Pflicht« (ὀφειλή),[106] die freilich anderes meint als den traurigen Vollzug eines von außen auferlegten Zwanges. »Pflicht« meint hier vielmehr dasjenige, was man dem anderen auf Gegenseitigkeit schuldig ist, so daß es keine Differenz zwischen Bring- und Holschuld gibt. Daher ist der Entzug von Sexualität nicht einfach die Einstellung einer beliebigen Handlung, sondern stets ein Akt, der die partnerschaftliche Struktur der Wechselseitigkeit in Frage stellt; weshalb Paulus mahnt, man solle sich einander nicht entziehen, außer in gegenseitigem Einverständnis.[107]

Das hat natürlich Konsequenzen für den gesamten sozialen Kontext der christlichen Gemeinschaften: Wer die Sexualität aufgrund der Leiblichkeit auf Wechselseitigkeit umstellt, der kann gar nicht anders, als Mann und Frau insgesamt in ihrer Leiblichkeit als gleichrangig zu begreifen. Ebendas tut Paulus — nachdem er nocheinmal die Wechselseitigkeit der Partnerschaft betont hat[108] — in einer grandiosen Adaptation der in der Genesis zu findenden zweiten Erzählung von der Erschaffung des Menschen,[109]

[105] 1 Kor 7,4.
[106] 1 Kor 7,3.
[107] 1 Kor 7,5.
[108] 1 Kor 11,11: »Indes: im Herrn gibt es weder die Frau ohne den Mann noch den Mann ohne die Frau.«
[109] Gen 2,19ff.

wenn er die dort behauptete zeitliche Schöpfungsfolge beibehält (»die Frau ist aus dem Mann«), um sie aber sofort durch die natürliche Geburtsfolge zu relativieren (»der Mann ist durch die Frau«) und daraus zu schließen: »Alles aber ist aus Gott.«[110] Tatsächlich ist damit eine Gleich*rangigkeit* der Menschen erreicht, die keine objekthafte Gleich*wertigkeit* meint, sondern ihre gemeinsame Leiblichkeit und damit Geschöpflichkeit »aus Gott« betont.

Von hier aus gelingt Paulus eine Grundlegung von Gemeinschaft, die eben gerade nicht auf Über- und Unterordnung beruht, sondern die Linie partnerschaftlicher Wechselseitigkeit in alle Lebensbereiche auszieht. Das betrifft zunächst die Binnenverfassung der Gemeinden, in denen durch unterschiedliche Auffassungen in Kultfragen (Speise- und Kleidungsvorschriften, Rangordnung der Gaben) Spannungen aufgetreten sind.[111] Diesen Spannungen entgegnet der Apostel, indem er immer wieder

[110] 1 Kor 11,12.

[111] 1 Kor 7–14; Röm 12–15,13. Hierher gehört natürlich auch die schwierige Stelle 1 Kor 14,34f., die zu den umstrittensten im ersten Korintherbrief gehört. Das Problem ist, daß das hier formulierte Schweigegebot für Frauen in offenem Widerspruch zu 1 Kor 11,5 steht, wo Paulus ganz selbstverständlich von in der Gemeindeversammlung prophetisch redenden Frauen spricht. Man kann diesen Widerspruch zu glätten versuchen, indem man die von Paulus gemeinte Situation so versteht, daß es ihm um ein spontanes Dazwischenreden und Nachfragen gegangen sei, das die Versammlung gestört habe (so Kremer: *Der Erste Brief an die Korinther*, S. 311–314). Plausibler ist indessen die Theorie, daß es sich hier um eine Interpolation aus späterer Zeit handelt: die inkriminierten Verse stehen in den Textzeugen an verschiedener Stelle, ihre Herausnahme stört den Text in keiner Weise (V. 36 ist bruchlos an V. 33a anschließbar) und im Kontext dieser Stelle wird das Zungenreden und der dadurch gestörte Gemeindeaufbau verhandelt und nicht das Schweigen der Frauen in Differenz zum Reden der Männer. Dazu jetzt ausführlich Schrage: *Der erste Brief an die Korinther*, Bd. 3, S. 480–501.

darauf hinweist, daß es nicht darauf ankommen kann, die eigene Praxis gegen andere durchzusetzen, weil das hieße, sich zu einem »Starken« und den anderen zu einem »Schwachen« zu erklären und ihn dadurch dem eigenen Maßstab zu unterwerfen. Statt dessen liegt alles daran, die eigene Auffassung zwar nicht aufzugeben,[112] aber die (irrige) Meinung und Haltung des anderen hinzunehmen, so daß im Ertragen der Schwäche des Schwachen der Starke selbst schwach wird und folglich die Rücksicht auf die gegenseitige Schwäche den Zusammenhalt der Gemeinschaft stiftet. Das eben heißt, »nicht sich selber leben«,[113] »sich wechselseitig annehmen« und darin dem Beispiel des Christus gehorchen,[114] der sich als Gott »entleert« hat, um schwach wie ein Mensch und Sklave zu werden.[115]

Wer diesem Beispiel wirklich zu folgen bereit ist und also »allen in allem entgegenkommt« und nicht dem Eigennutz folgt,[116] realisiert damit eine neue Art von Freiheit, die nicht in der Durchsetzung von (Rechts-) Ansprüchen einem Gesetz zur Geltung verhilft und darin den anderen »richtet« (meine Freiheit ist deine Knechtschaft),[117] sondern jegliche Form von (Rechts-) Anspruch durchstreicht und die Beziehungen untereinander unter dem Titel der »Liebe« auf strikte Wechselseitigkeit und Partnerschaft umstellt (meine Freiheit ist deine Freiheit). In den Worten des Apostels: »Seid gegen niemanden zu etwas verpflichtet (ὀφείλετε), außer zum wechselseitigen Lieben. Denn wer den anderen liebt, hat das Gesetz erfüllt.«[118] Will sagen: das Gesetz, das erfüllt ist, ist im Moment sei-

[112] Röm 14,5.22.
[113] Röm 14,7 u. 15,1.
[114] Röm 15,7.
[115] Phil 2,7. Dazu mehr unten Kap. 3.
[116] 1 Kor 10,33.
[117] Röm 14,13 und oben S. 75 ff.
[118] Röm 13,8; vgl. Gal 5,14.

ner Erfüllung aufgehoben und durch eine Freiheit ersetzt, die ihren Ursprung in Christus hat und »Liebe« heißen darf.

Will man die Summe aus dem Gesagten ziehen, muß man formulieren: Freiheit ist eine Pflicht, die sich in Liebe handelnd erfüllt. Womit eben genau das gemeint ist, was Kant zum kategorischen Imperativ verdichten wird: daß, wer pflichtgemäß handelt, sich selbst in seiner Freiheit und Unabhängigkeit von den Nötigungen des Naturprozesses will und damit sich und den Mitmenschen als Zweck an sich zu respektieren hat. Das ist, wir wissen es, nicht durch einen Ukas zu dekretieren und daher »schwach«. Aber genau aus dieser Schwäche und nur aus ihr erwächst die Möglichkeit einer wechselseitigen Partnerschaft, die in Liebe realisiert, was kein Gesetz dieser Welt befehlen kann: Freiheit.

Die so verstandene Freiheit kann schon deshalb nicht auf den Binnenraum der christlichen Gemeinschaften begrenzt werden, weil man durch eine solche Einschränkung das Fundament der Freiheit untergraben würde. Denn wo auch immer Freiheit sein soll, kann sie nur so sein, daß sie sich in wechselseitiger Partnerschaft realisiert und den anderen eben nicht zu einem Mittel für eigene Zwecke herabwürdigt. Der oft analysierte und ebensooft kritisierte Universalismus des Christentums, der die jeweilige christliche Gemeinde missionierend übersteigt und der Tendenz nach alle Menschen in *einer* Gemeinschaft zusammenführen will, hat genau hierin seinen Grund. Die Kritik an diesem Universalismus versieht sich freilich genau darin, daß sie ihm eine Unterwerfungsabsicht unterstellt, die auf eine Kolonisierung fremder Lebenswelten zielt, während der wohlverstandene christliche Universalismus doch das genaue Gegenteil von Macht und Stärke ist, nämlich ein Universalismus der Schwäche, der, indem er immer weitere Kreise in seinen Bann zieht, immer mehr (Rechts-) Ansprüche aufgibt. Die einzige Kolonisierung, die das Christentum daher betreiben kann, ist eine durch Liebe (ἀγάπη) bewirkte Pazifizierung der Binnen- und Außenverhältnisse menschlicher Gemeinschaften.[119]

Wie das im Außenverhältnis der christlichen Gemeinschaft funktioniert, zeigt sich sehr schön in Korinth, wo Frauen in der Gemeindeversammlung mit einer Haartracht aufgetreten waren, die bei einigen der Anwesenden als sittenwidrig galt.[120] Paulus reagiert darauf nicht mit einem theologischen Diskurs, der eine bestimmte Sitte aus dogmatischen Setzungen abzuleiten versucht, sondern hebt darauf ab, daß die Haartracht der Frau — wie übrigens auch die des Mannes, die aber im Kontext unproblematisch ist — den Erwartungen der Umwelt entsprechen soll. Das genau meint der schwierige Satz, daß »die Frau verpflichtet ist, um der Boten willen Vollmacht über ihren Kopf zu haben«.[121] Denn mit den »Boten« sind hier keine Engel gemeint, die während der Gemeindeversammlung als übernatürliche Wesen anwesend wären und denen zu Ehren die Frau ihr Haar in bestimmter Weise tragen sollte, vielmehr zielt das Wort auf die in der Versammlung anwesenden nichtchristlichen Zuschauer, die von Personen, die sich durch den Besuch der in Privathäusern stattfindenden Gemeindeversammlungen nicht kompromittieren woll-

[119] Und damit intendiert das paulinische Christentum genau das, was Sloterdijk von einer »Entsuprematisierung« erhofft, die sich für ihn allerdings als Neutralisierung christlicher Parameter abzuspielen hat. Siehe Sloterdijk: *Gottes Eifer*, S. 153 und Kontext.

[120] 1 Kor 11,3–16. Ob es sich dabei um aufgelöste Haare oder um eine fehlende Kopfbedeckung (Kopftuch oder Schleier) gehandelt hat, ist zwar umstritten (siehe Schrage: *Der erste Brief an die Korinther*, Bd. 2, S. 487 ff.), spielt aber für das von Paulus entwickelte Argument auch keine Rolle.

[121] 1 Kor 11,10.

ten, als Beobachter geschickt worden waren.[122] Die Pointe des Paulinischen Arguments liegt also genau darin, die Gemeinde, die sich in einem Konflikt mit ihrer Umwelt befindet, zu einem Verzicht der öffentlichen Darstellung ihres im Glauben erworbenen neuen Rollenverständnisses von Mann und Frau aufzufordern und also den Glauben nicht zu einem konfliktverschärfenden Differenzmerkmal auszubauen, sondern ihn als Mittel zu begreifen, die Schwäche der eigenen Position auszuhalten und dadurch den Konflikt zu beenden.[123]

Noch deutlicher tritt diese durch Liebe (ἀγάπη) zu bewirkende Pazifizierung von Außenkonflikten zutage, wenn man von den sozialen Randbedingungen kultischer Handlungen zu den kultischen Handlungen selbst übergeht. Das betraf für das sich aus dem Judentum herausbildende Christentum vor allem die Einhaltung der jüdischen Speisegebote, in denen ein ungeheures Konfliktpotential mit der Umwelt lag. Denn wenn Juden und dem Judentum folgende Christen das auf dem Markt verkaufte Fleisch, das in aller Regel von Tieren stammte, die unter Beachtung heidnischer Opferrituale geschlachtet worden waren, als unrein betrachteten, dann bedeutete der Verzehr von solchem Fleisch eine kultische Verunreinigung, die im Extremfall als Abfall vom Judentum — und für die Judenchristen folglich als Abfall vom Christentum — betrachtet werden konnte. Und umgekehrt bedeutete der Verzicht auf den Verzehr von Opferfleisch den Ausschluß aus der antiken Polisgemeinschaft, deren Festjahr durch zahlreiche öffentliche und private Opfern, Kult-

[122] Ich folge hier einem Vorschlag von Winter: *After Paul left Corinth*, S. 133–138.

[123] Daher schließt Paulus seine Ausführungen mit dem Satz: »Wenn aber einer meint, er müsse darüber streiten: Wir und auch die Gemeinden Gottes kennen einen solchen Brauch nicht.« 1 Kor 11,16.

mahle und Volksspeisungen strukturiert war.[124] Aus dieser Konfliktposition kommt man nur heraus, wenn man die Unterscheidung von rein/unrein unterläuft und also die Differenz durch Nichtunterscheidung aufhebt. Ebendas schlägt Paulus vor, wenn er schreibt: »Alles, was auf dem Fleischmarkt verkauft wird, das eßt, ohne aus Gewissenhaftigkeit nachzuforschen. [...] Wenn ein Ungläubiger euch einlädt und ihr hingehen möchtet, dann eßt, was euch vorgesetzt wird, ohne aus Gewissensgründen nachzuforschen.«[125]

Natürlich kann man diese Nichtunterscheidung nun selbst wiederum theologisch motivieren, indem man darauf hinweist, daß es unter der Bedingung, daß alles von Gott ist, nichts Unreines geben kann.[126] Aber dieser Versuch einer theologischen Sistierung der Unterschiede ist in dem Moment in Frage gestellt, wo die argumentative Ebene nicht greift und trotz der theologisch begründeten Aufhebung von Unterschieden ein »schwaches« Mitglied der christlichen Gemeinde darauf beharrt, daß Opferfleisch Opferfleisch ist und folglich nicht gegessen werden darf. Durch diese argumentative Verweigerung wird die Unterscheidung von rein/unrein, die im Judentum als Grenzlinie zur heidnischen Umwelt diente, als Binnenkonflikt in das Christentum getragen, wo sie hinfort »Schwache« und »Starke« trennt und die Einheit der Gemeinschaft auf die Probe stellt. Da der Konflikt angesichts der Argumentationsverweigerung nicht durch die Berufung auf eine höhere theologische Einsicht und also Betonung der »Stärke« aus der Welt geschafft werden kann, bleibt als Lösungsweg nur die Schwächung des

[124] Zum Hintergrund siehe Schrage: *Der erste Brief an die Korinther*, Bd. 2, S. 216 ff.
[125] 1 Kor 10,25.27.
[126] 1 Kor 10,26.

Starken, der seine überlegene Einsicht hintanstellen und folglich auf den Genuß von Opferfleisch verzichten muß, »mit Rücksicht auf den, der euch [auf das Opferfleisch] aufmerksam gemacht hat«.[127]

Wenn daher das berühmte »Hohelied der Liebe« Glaube, Hoffnung und Liebe als die drei Grundverhaltensweisen des Christen feiert und unter ihnen die Liebe als »am größten« herausstellt,[128] dann zielt das auf ebenjene universale Ausweitung von Freiheit in Liebe, die sich als eine permanente Schwächung überlegener und/oder »gesetzlicher« Positionen vollzieht. Sie kann nicht sein ohne den Glauben, der sich auf das vergangene Ereignis der Auferstehung bezieht und dieses Ereignis glaubend aktuell hält; und sie kann nicht sein ohne die Hoffnung, die den Raum der Zukunft eröffnet und das Kommen des »Vollendeten« erwartet.[129] Liebe ist daher das je präsentische Moment eines aus Glaube, Liebe und Hoffnung bestehenden christlichen Lebensvollzugs, der Vergangenheit (Glaube) und Zukunft (Hoffnung) umgreift, aber diese immer in einem Jetzt zu aktualisieren hat: als Realisierung einer wechselseitigen Partnerschaft, die zur Freiheit befreit.

Weil der Anspruch, das liebende Tun der Freiheit als eine Schwächung sämtlicher Ansprüche (aller »Gesetze«) zu realisieren, universal ist, wird der Raum, in dem die Christen agieren, zu *einem* Raum, in dem die christliche Gemeinschaft als *ein* »Leib« (σῶμα) handelt, dessen Glieder sich wie Brüder *einer* Familie zueinander verhalten.[130] Das heißt nun aber ganz und gar nicht, wie Hannah

[127] 1 Kor 10,28f.
[128] 1 Kor 13,13.
[129] 1 Kor 13,10.
[130] 1 Kor 12,12–27 und Röm 12,4. Zu dem Aspekt der Bruderliebe (φιλαδελφία), der in der hellenistischen Umwelt des Christentums die Liebe zwischen leiblichen Geschwistern meint und also auf ein familiales Verhältnis zielt, siehe 1 Thess 4,9 und die Erläuterungen

Arendt meinte, daß damit der Bereich des Privaten und des familialen Haushalts, in dem sich die lebensnotwendigen Reproduktionsprozesse vollziehen, an die Stelle des öffentlichen politischen Raumes tritt und also die im öffentlichen politischen Raum gesetzte Freiheit zerstört wird.[131] Vielmehr heißt es, den öffentlichen Raum als Binnenraum denken, der ebendeshalb und *nur* deshalb *ein* Körper sein kann, nämlich ein durchaus politischer Körper, in dem die Vielfalt der inhärenten Perspektiven seiner Glieder (die Charismen) nicht zu einem Zerbrechen des Körpers führt, sondern ihn in seiner Vielfalt lebendig und fruchtbar erhält.

Es gibt keine Notwendigkeit, daß es sich so verhalten *muß*. Vielmehr weiß Paulus ja sehr genau, daß jegliche Form von Notwendigkeit das Ende der Freiheit ist. Wenn es sich aber so verhält, dann bleibt nur die Anerkenntnis, daß wir Freiheit nicht anders haben können als in einem voraussetzungslosen und also nicht notwendigen Glauben, der uns gänzlich neu anfangen läßt und unser Handeln dank der Liebe auf eine wechselseitige Partnerschaft orientiert, die jede Form von überlegenen oder »gesetzlichen« Ansprüchen so schwächt, daß sie ihr Konfliktpotential verlieren. Damit ist die Dimension ethischen Sollens gesetzt, die alle Bereiche menschlichen Seins umfaßt und integriert. Als *Sollen* bleibt es freilich ein Auftrag, dessen völlige Realisierung nur erhofft werden kann für jenen Zeitpunkt, da sich alles erfüllt. Da dieser Zeitpunkt nicht angegeben werden kann, wiewohl er von Paulus gelegentlich in nicht allzuferner Zukunft erwartet wird,[132] ist die Zeit bis dahin die Zeit der Hoffnung, in der die Mitglieder der christlichen Gemeinden durch ihre agapistische

bei Söding: *Das Liebesgebot bei Paulus*, S. 74 ff.

[131] Siehe oben S. 88 f.

[132] 1 Thess 5,1–11; Röm 13,11–14.

Praxis immer weiter daran arbeiten müssen, daß der eine Körper des Christentums in der Vielfalt der Charismen sich entfalten kann.

Natürlich muß man in dieser Zeit der Hoffnung, in der das Vollendete aussteht und nur Stückwerk vorhanden ist,[133] stets damit rechnen, daß die agapistische Praxis auf Widerstand trifft. Daher benötigt man ein Instrument, das verhindert, daß aus dem antagonistischen Widerstand die Elimination der Liebe folgt. Dieses Instrument ist der Staat. Er ist im Kern selbst agapistisch, insofern er Interessengegensätze ausgleicht und dem einzelnen Bürger Schutz bietet. Ebendeshalb kann Paulus schreiben, daß der so verstandene Staat »im Dienst Gottes« steht:[134] er steht im Dienst Gottes, wenn er »verlangt, daß du das Gute tust«,[135] das, wie wir wissen, eine Realisierung der Liebe sein und auf eine partnerschaftliche Wechselseitigkeit zielen muß, in der sich Freiheit verwirklichen kann. Daher gibt es eine homologe Beziehung zwischen dem, was wir einander immer schulden, nämlich Liebe,[136] und dem, was wir dem Staat schulden, nämlich Steuern und Gebühren, dank deren er sich materiell erhält, und Furcht und Ehre, dank deren er als pazifizierende Instanz anerkannt wird.[137]

Das heißt nicht, dem Staat den höchsten Stellenwert zuerkennen, wenn es um die Realisierung der Liebe geht. Vielmehr hat der Staat insgesamt ja nur eine Hilfsfunktion

[133] 1 Kor 13,10.
[134] Röm 13,4.
[135] ebd.
[136] Röm 13,8.
[137] Röm 13,7. Es ist daher völlig abwegig, wenn Ernst Käsemann (*An die Römer*, S. 343) schreibt, es gehe Paulus in Röm 13,1–7 nicht um ein »Legitimitätsprinzip« des Staates und jeder der dort geschriebenen Sätze lasse sich »auch in einem Polizeistaat aufrechterhalten.« Das Gegenteil ist richtig: Paulus bindet die Legitimität des Staates an die Ethik der ἀγάπη, der sich kein Polizeistaat der Welt verpflichtet fühlt.

für die Zeit des Stückwerks, in der die Christen hoffend immer mehr Einmütigkeit und Liebe verwirklichen sollen. Da aber die Zeit des Stückwerks unabsehbar ist und bleibt, herrscht nach menschlichem Ermessen in dieser Zeit zwischen den christlichen Gemeinschaften und dem Staat selbst eine Spannung, die nur im Hinblick auf die agapistische Wechselseitigkeit überwunden werden kann, indem die den Christen und die den Staatsbeamten geschenkten Gnadengaben nicht gegeneinander behauptet, sondern einem Prozeß gegenseitiger Schwächung unterworfen werden. Das heißt in der Tat nichts anderes, als daß der Staat im Grunde christlich und die christlichen Gemeinschaften im Grunde staatlich werden und jedenfalls über eine Ordnung (διαταγή) verfügen müssen, weil nur so sich insgesamt die »Ordnung Gottes« erfüllen kann,[138] die, und das ist die unaufhebbare Pointe der paulinischen Argumentation, keine Ordnung des Gesetzes ist, sondern eine Ordnung der Liebe, die uns in partnerschaftlicher Wechselseitigkeit zur Freiheit führt.[139]

5 Weg

Die Umkehr gemeinschaftlich leben, das will heißen: die Umkehr so leben, daß innerhalb der Gemeinschaft die

[138] Röm 13,2.

[139] Taubes, der die paulinische Theologie als negative politische Theologie akzentuiert, vor der kein positives Gesetz bestand haben kann, muß folglich Röm 13 herunterspielen: Paulus habe hier zum Ruhighalten geraten, weil angesichts des nahen Endes eine Revolution sich nicht lohne. Siehe Taubes: *Die politische Theologie des Paulus*, S. 73–75. Demgegenüber kommt alles darauf an, die Verschränkung nachzuvollziehen, in der sich die Negation des »Gesetzes« mit der Position des Liebesgebotes so verbindet, daß die Beziehungen der Menschen auf allen Ebenen bis hin zur Ebene des Staates strukturell auf Wechselseitigkeit umgestellt werden können.

Tauschbarkeit der Standpunkte und die Wechselseitigkeit der Beziehungen beachtet wird, um durch diese gelebte Reziprozität niemanden zu richten und notfalls sich selbst zu einem »Schwachen« zu machen und darin zuletzt in Liebe die Freiheit zu realisieren.

Eine solche aus Liebe gelebte Umkehr zur Freiheit läßt sich nicht in die Form dogmatischer Sätze fassen, die für jede Situation vorgeben, wie zu urteilen und zu handeln sei, denn das hieße ja, die Freiheit nicht als offenen Prozeß des Glaubens zu denken, sondern als einen festschreibbaren Zustand oder einen durch ein »Gesetz« berechenbaren Vorgang. Soll der Glaube also wirklich ein offener agapistischer Prozeß zur Freiheit sein, darf die Ordnung der christlichen Gemeinden nicht durch Ge- und Verbote zementiert werden. Wie läßt sich eine solche Ordnung ohne Ge- und Verbote aber denken? Und wie läßt sie sich realisieren? Die Antwort des Apostels lautet: die christlichen Gemeinschaften konstituieren sich nicht unter der Form des Gesetzes, sondern unter der Form des »neuen Bundes« (καινὴ διαθήκη),[140] der ein Nachbild jenes Bundes ist, den Gott einst mit Abraham geschlossen hat. Aber es ist ein Nachbild, das das Vor-Bild in bezeichnender Weise umdeutet.

Erstens suspendiert der neue Bund nicht nur all die Anforderungen, die der von Gott mit Moses gestiftete Bund als »Gesetz« den Juden auferlegt hatte,[141] sondern setzt auch die Beschneidung als Zeichen des Bundes außer Kraft. Dazu greift Paulus hinter Moses zurück auf Abraham,[142] der allein aufgrund seines Glaubens von Gott »gerechtfertigt« worden war,[143] und zwar *vor* der Beschnei-

[140] 1 Kor 11,25.
[141] Ex 24,1–18.
[142] Röm 4,1ff.
[143] Gen 15,6.

dung,[144] so daß sich für Paulus die Vaterschaft Abrahams gleichermaßen erstreckt auf jene, »die als Unbeschnittene glauben und denen daher [eben *weil* sie glauben] Gerechtigkeit angerechnet wird«, als auch auf jene Beschnittenen, die »in der Spur des Glaubens wandeln«, die Abraham als Unbeschnittener eröffnet hat.[145]

Damit kassiert der Apostel im neuen Bund die kategoriale Unterscheidung zwischen Juden und Heiden, um durch eine übergreifende Inklusion die Gruppe der Glaubenden zu bilden, deren Zusammenhalt dann eben nicht mehr durch ein Gesetz bestimmt werden kann, sondern einzig noch durch die »Spur« (ἴχνος), die von Abraham gelegt wurde. Diese Spur führt aber nicht nur von Abraham in die Gegenwart, sondern auch in eine Zukunft, in der wir die »Herrlichkeit Gottes« (δόξα τοῦ θεοῦ) erhoffen,[146] um in dieser Hoffnung in Liebe handelnd die Freiheit zu realisieren. Auf ebendiese Freiheit soll der neue Bund orientieren.

Zweitens wird die Hoffnung, deren Erfüllung in der Zukunft liegt, in die Gegenwart integriert, indem der gegenwärtige Glaube bereits einen »Zugang zur Gnade« eröffnet,[147] die in Jesus dem Messias und also «Gesalbten« — nichts anderes bedeutet bekanntlich der griechische Titel χριστός, der zu »Christus« latinisiert und früh schon als Name verstanden wurde — sich darbietet, mit dem die endzeitliche Verwandlung von Welt und Menschen bereits begonnen hat. Wie immer man die im Judentum vorhandenen messianischen Hoffnungen beurteilen mag, ob als tragendes Theologoumenon um die Zeit von Christi Geburt oder, wahrscheinlicher, als eine zwar in weiten

[144] Gen 17,10–27.
[145] Röm 4,11f.
[146] Röm 5,2.
[147] ebd.

Kreisen bekannte, aber eben nicht tragende theologische Vorstellung[148] — es bleibt festzuhalten, daß die jüdische Messiaserwartung rein zukünftig war und blieb, so daß der erhoffte Akt der Befreiung nur als ausstehender gedacht werden konnte, zu dem die bestehende Realität die negative Folie abgab, vor der sich die messianische Zukunft in all ihrem lichtvollen Glanz abheben konnte.

Anders das Christentum, wie es Paulus verkündet: Wenn Jesus der bereits gekommene Messias ist, wird die Trennung von Vergangenheit und Zukunft aufgehoben und beide Zeitdimensionen in der Gegenwart ver*ortet*, indem alles gegenwärtige Tun dessen eingedenk sein muß, was sich in Tod und Auferstehung Christi bereits ereignet hat,[149] um in ebendiesem Gedenken und einem entsprechenden Handeln die zukünftige Freiheit zu gewinnen. Das aber heißt, die durch und in Christus ermöglichte Erbschaft anzutreten, die in der Übernahme der Gottessohnschaft durch den Glaubenden besteht und alle Glaubenden zu »Kindern Gottes« macht.[150] Zukunft, so muß man also sagen, ist nicht das Ganz Andere, das über uns hereinbricht und der schlechten Gegenwart ein Ende setzt; Zukunft ist vielmehr das, was wir — eingedenk des in Christus Geschehenen und damit eingedenk der in diesem Geschehen sich zeigenden Verheißung[151] — in unserem gegenwärtigen Tun an unserem gegenwärtigen Ort an Zukunft ermöglichen.

Drittens führt die Verortung von Vergangenheit und Zukunft in der Gegenwart zu einer Entkoppelung von utopischen Versprechungen und eschatologischen Verheißungen, so daß sich die beiden Sphären der Politik und

[148] Dazu jetzt Schreiber: *Gesalbter und König*.
[149] 1 Kor 11,24f.
[150] Gal 3,26–4,7 u. Röm 8,15–17.
[151] Röm 9,8f.

der Religion voneinander trennen können. Während daher der alte Bund, der von Gott mit Abraham und Moses geschlossen worden war, auf eine zukünftige politische und territoriale Befreiung setzte, die sich in dem Land, »in dem Milch und Honig fließen«, verwirklichen können sollte,[152] zielt der neue Bund auf die präsentische Realisierung einer Liebe, die von innen her jede Gemeinschaft trägt und transformiert und niemals aufhört.[153] Dort also im alten Bund die Erwartung des Heils an einem zukünftigen Ort; hier im neuen Bund das Heil jetzt schon an dem Ort, an dem wir jeweils stehen, aber zugleich als Auftrag. Dort die Konstituierung Israels als eines Volkes, das sich als Glaubensgemeinschaft versteht; hier die Konstituierung einer Glaubensgemeinschaft, die sich als völkerübergreifend und universal versteht. Ebendiese Ablösung vom Territorium einer politisch und/oder ethnisch definierten Gemeinschaft bei gleichzeitiger Beibehaltung des Ortes als Zone agapistischen Handelns macht aus dem neuen Bund einen »Weg«,[154] der in eine Zukunft führt, die wir glaubend und im Glauben hoffend gestalten, um am Ende der Weltzeit das Ende unseres Stückwerks und das Kommen des Vollendeten zu erwarten, das in der Totalpräsenz Gottes besteht.[155]

Kurz, der neue Bund praktiziert eine politische und territoriale Entgrenzung und ist nichts anderes als der eschatologische Weg, den die Gemeinschaft der Glaubenden in liebendem Tun einschlägt.

Viertens schließlich korreliert der Trennung von Politik und Religion eine weitere Trennung: die von Irdischem und Jenseitigem. Während daher der alte Bund in seiner

[152] Ex 3,8.
[153] 1 Kor 13,8.
[154] 1 Kor 4,17 u. 12,31; vgl. auch Röm. 4,12.
[155] 1 Kor 15,28.

Hoffnung auf eine weltliche Fülle das Irdische als Irdisches festhielt und noch das heilige Land seiner Sehnsucht eben nur als Land imaginieren konnte, »in dem Milch und Honig fließen« und ein aus Davids Stamm entsprossener Messias herrschen würde, transzendiert der neue Bund das Irdische; nicht, indem er es negiert, sondern indem er es von seinem Gegenteil her neu versteht. Dieses Gegenteil des Irdischen aber ist das, was jenseits alles Irdischen liegt und durch den Tod als Grenzposten von allem Irdischen getrennt wird. Da folglich irdische Fülle in grenzenlosem Umfang nur sein könnte, wenn der Tod nicht mehr wäre, muß jeder Versuch, den Menschen in der Fülle der Welt zu beheimaten, mit dem Tod beginnen.

Mit dem Tod beginnen — das kann natürlich nicht heißen, seinem Leben ein Ende bereiten, denn dann wäre die Fülle der Welt verspielt. Mit dem Tod beginnen — das heißt vielmehr mit jenem Tod beginnen, der ein neuer Anfang ist, mit dem »Tod des Herrn«,[156] von dem der Glaube bezeugt, daß er auferstanden ist und dereinst wiederkommen wird.[157] Der Glaubende, der dies bezeugt, wird selbst zu einem »Kind Gottes« und partizipiert an der im Messias geschehenen initialen Erlösung des Leibes, indem er die Geburtswehen der Schöpfung in dem vom Glauben geleiteten agapistischen Handeln beenden hilft,[158] so daß endlich »Gott alles in allem« sein kann. Das aber heißt, daß das agapistische Handeln, das aus der vom Glauben bezeugten Überwindung des Todes durch den Messias resultiert, zwar hilft, immer mehr Schöpfung zu gebären und zu erlösen; aber das kann nur gelingen, solange das Irdische den Stachel des Todes noch nicht verloren hat und ebendieser Todesstachel uns auf den Glauben verweist,

[156] 1 Kor 11,26.
[157] 1 Kor 15,1ff.
[158] Röm 8,21–24.

der unserem Handeln die agapistische Richtschnur gibt. Kurz: Wir helfen der Schöpfung, weil und solange wir hoffen,[159] weil und solange wir sterben müssen, weil und solange der Tod allem Irdischen eine Grenze setzt. Wir gewinnen das Irdische in dem Maße, wie wir im Glauben das Jenseits gewinnen.

Wenn daher am Horizont dieses Weges, auf den uns der neue Bund führt, tatsächlich jener Moment aufscheint, da der Tod als »letzter Feind« entmachtet und Gott »alles in allem« sein wird,[160] dann fällt dort am Horizont die Fülle des Irdischen mit der Totalpräsenz Gottes zusammen. Aber es ist dies der äußerste und fernste Horizont, in dessen Nähe wir nur dann gelangen können, wenn wir uns im Gedenken des Herrn, das ein Gedenken seines Todes ist, auf den Weg machen. Der neue Bund ist daher von Grund auf testamentarisch:[161] er verkündet den Tod des Herrn und gibt uns ein Testament, das uns auf einen Weg führt, an dessen Ende der Herr wiederkommt, der Tod überwunden ist und Welt und Jenseits in der vollkommenen Totalpräsenz Gottes aufgehoben sind.

Die Antwort auf die Frage, wie sich die Ordnung der christlichen Gemeinschaften, die ohne Ge- und Verbote auskommen sollen, denken und realisieren läßt, lautet also: die christlichen Gemeinschaften, die sich in der Form des Bundes konstituieren, machen sich auf einen Weg, auf dem jeder einzelne Schritt seine Berechtigung einzig und allein aus der steten Orientierung auf den testamentarischen Bund erfährt, so daß jeder Augenblick der durch den Messias bezeichneten Vergangenheit und Zukunft zugleich eingedenkt sein muß. Dieses Gedenken und Er-

[159] Röm 8,24.

[160] 1 Kor 15,26.28.

[161] Und tatsächlich meint das Wort διαθήκη ja beides: Bund und Testament.

innern (ἀνάμνησις) ist das, was den Bund von innen her ermöglicht und auf dem Weg hält. Was man darüber hinaus noch an Ordnung benötigt, liegt als Dienst und Gabe nicht auf der Ebene »gesetzlicher« Zuordnungen, aus denen Jurisdiktion und Staatskunde ihr Potential zu ziehen versuchen, sondern auf der Ebene eines freien und grundlosen Schenkens, das das Gegenteil von institutionellen Verhärtungen meint. Wenn daher die christlichen Gemeinschaften um der Ordnung willen den Staat in Anspruch nehmen, dann nur in der Weise einer Schwächung, die den Staat in Richtung auf die Liebe transformiert. Daß in dieser Transformation die christlichen Gemeinschaften selbst insofern »staatlich« werden, als sie an Ordnung gewinnen, findet seine Grenze darin, daß diese Ordnung eben nicht zum »Gesetz« werden darf, sondern ein Bund bleiben muß, der einen testamentarischen Weg geht.

IV Geschichte

Wer immer nur unterwegs ist, kommt niemals an. Eben das ist der Vorwurf, den man dem Christentum macht: daß es sich auf einem Weg befindet, der zwar zu Christus als Ziel führen mag, daß es dieses Ziel aber in diesem Leben und in dieser Weltzeit nicht erreichen kann, weshalb es in einer grandiosen Inversion die fehlende Weltbeheimatung gegen die Welt kehrt, um sich in der Negation von Welt zugleich immer weiter in der Welt auszubreiten und also missionierend zu erhalten.[1]

Im Zuge dieser missionierenden Negationsbewegung würde ebenjene Form von ursprünglicher Weltbeheimatung immer weiter zerstört, die der Mythos einst geboten habe: eine sinnlich-schöne Form unmittelbar-positiven Weltbezugs, die es erlaubte, in einem ewigen Augenblick ganz da und bei sich selbst zu sein. Wobei es zum Signum der Neuzeit gehört, immer neue Kandidaten eines solchen ursprünglichen und unmittelbar-positiven Da- und Beisichseins zu imaginieren, von der Kunstreligion und »neuen Mythologie« der Romantik[2] über das Judentum[3] bis hin zu der in jüngster Zeit verhandelten ägyptischen »Primärreligion«.[4]

So schön solche Projektionen auch sein mögen, ihnen widerspricht, daß der uranfängliche Zustand mythischen Da- und Beisichseins alles andere als uranfänglich und obendrein noch schön war.

[1] So Rosenzweig: *Der Stern der Erlösung*, S. 379 und Kontext.
[2] Dazu Frank: *Der kommende Gott.*
[3] Rosenzweig: *Der Stern der Erlösung*, S. 337.
[4] Assmann: *Die Mosaische Unterscheidung.*

Folgt man nämlich Hans Blumenberg, zeigt sich der Mythos als eine Distanzierungsmaßnahme gegen den seit je andrängenden »Absolutismus der Wirklichkeit«, der den Menschen damit konfrontiert, daß er die Bedingungen seiner Existenz nicht in der Hand hat.[5] Die seither erzählten Geschichten vertreiben nun zwar die Furcht, daß man der Übermacht des Anderen, das die menschlichen Existenzbedingungen bedroht, vielleicht doch noch erliegen könnte, aber sie markieren eben keinen absoluten Anfang, weil ebendieser Anfang nichts anderes als die Zone von Furcht und Schrecken ist, die, sobald man sie zu beschreiben versucht, schon im Zustand ihrer mythischen Bannung und Distanzierung auftritt.

Tatsächlich zeigen sich hier zwei unterschiedliche Weisen des Weltbezugs, die nicht zur Deckung zu bringen sind. Entweder haben wir einen Anfang, der als solcher benannt werden kann; und dann haben wir auch all das, was aus diesem Anfang folgt und als Historie sich darstellen läßt, weil man die Wege aus dem Anfang nachzeichnen und ihr Ende extrapolieren kann. Oder wir haben eine mythische Distanznahme zu einer Wirklichkeit, die uns seit jeher im Vor- und Ausgriff auf die in ihr sich meldenden Schrecken sprechen macht, um in diesem Sprechen (und Schreiben) die Schrecken zu distanzieren und zu bannen; dann würden wir als das immer schon in Mythen verstrickte Lebewesen nichts anderes tun können, als uns Mythen zu erzählen, ohne damit jemals an ein Ende zu kommen.

Zweifellos optiert das Christentum für einen benennbaren Anfang und setzt auf die Extrapolation eines Endes, das, so ferne es auch sein mag, unser augenblickliches Handeln maßgeblich bestimmt. Natürlich wird dabei die Gegenwart mit der Reflexion auf die ausstehende Zukunft

[5] Blumenberg: *Arbeit am Mythos*, S. 9.

belastet, so daß die Welt, wie sie sich gerade vorfindet, in eine Distanz gerät, die jedoch gleichzeitig durch christliches Handeln weltgestaltend überwunden werden soll, dabei des Endes aller Dinge eingedenk.

Sicherlich ist das einer der Antriebe zur christlichen Mission, und man mag das mit Hans Blumenberg verdächtig finden, insofern man im Mythos eine Weltdistanz zu erkennen bereit ist, die nicht in missionierende Kolonisierung unter dem tristen Zeichen des Endes aller Dinge umschlägt. Das hat für den Verteidiger des Mythos obendrein den Vorteil, daß er die fröhliche Polykultur transzendenter Wesenheiten nicht auf die Monokultur des Einen Gottes zurückschneiden muß und fremde Götter fremde Götter sein lassen kann, die sich bei Bedarf zwanglos in die eigenen Götter übersetzen lassen.

So sehr ein solches Verständnis des Mythos Eindruck gemacht hat in Zeiten, da man auch sonst gegen monokulturelle Zwänge und Autoritäten zu Felde zog, um an ihrer Stelle die fröhliche Liberalität anarchischer Poly-Verhältnisse zu feiern,[6] darf dabei doch nicht vergessen werden, daß im Mythos direkt neben dieser fröhlich-anarchischen Liberalität der Krieg aller gegen alle wohnt,[7] wofür nun gerade die Verhältnisse im griechischen Olymp ein studierenswertes Beispiel geben.

Was dort nämlich an fröhlichem Treiben und Menschlich-Allzumenschlichem Anlaß für mancherlei Mythe ist, zeigt sich in den irdischen Niederungen etwa als trojanischer Vernichtungskrieg oder odysseeischer

[6] Erinnert seien nur an Paul Feyerabends anarchistische Erkenntnistheorie, an Odo Marquards »Abschied vom Prinzipiellen«, der sich mit einem »Lob des Polytheismus« verband, und an den dekonstruktivistischen Abbau abendländischer Logos-Zwänge.

[7] Ich greife hier einen Gedanken von Hermann Timm auf, den er in seinem Aufsatz *Remythologisierung?*, S. 441 formuliert hat.

Alptraum einer über lange Jahre von den Göttern verhinderten Rückkehr in die Heimat.

So schön-schauerlich sich solche Geschichten daher auch erzählen lassen, sie verdecken doch kaum, daß sie auf eine menschliche Realität zielen, die noch in ihren grausamsten Zügen nur hingenommen werden kann, während der von Paulus verkündete und von Christen seither beschrittene Weg auf die Abschaffung ebensolcher Grausamkeiten zielt. Das aber heißt, eine Geschichte (Narration) ins Werk setzen, die als Geschichte (Historie) der mythischen Polymachie ein Ende bereitet, indem sie einen neuen Anfang in der Zeit setzt. Man tut daher gut, sich den Abstand der christlichen Verkündigung vom Mythos in aller Schärfe vor Augen zu führen.

1 Mythos

Obwohl es in manchen Teilen der Wissenschaft inzwischen zum guten Ton gehört, Theorien über *den* Mythos für unmöglich zu halten, weil es den Mythos nur im Plural von Mythen gebe, die die Frage nach der Wahrheit *des* Mythos in einem Spiegelkabinett von Bezüglichkeiten zerstrahlten, zeigt die einschlägige Mythenforschung, daß es sehr wohl möglich ist, die allgemeine Struktur und, wie man früher gesagt hätte, das Wesen des Mythos zu benennen — jedenfalls in jener durch die Griechen geformten und für das Abendland maßgeblich gewordenen Gestalt.[8]

Danach wäre zunächst festzuhalten, daß der Mythos zwar das historisch Frühere zum Logos ist, daß es aber beiden, Mythos wie Logos, darum geht, die Welt in ihrem Bestand zu erklären, indem bis auf den Ursprung

[8] Das Folgende macht sich Überlegungen von Angehrn: *Die Überwindung des Chaos* und Brisson: *Einführung in die Philosophie des Mythos* zunutze.

von allem, was ist, zurückgegangen wird. Der Mythos leistet diese Erklärung der Welt in der Weise, daß er den Gesamtbestand der Phänomene, wie sie sich in historischer Zeit darstellen, auf eine Zeit vor aller historischen Zeit zurückführt, in der durch das Handeln namentlich bekannter Götter die Welt wurde, wie sie ist, so daß zugleich alles, was ist, wie es ist, seine Bedeutung aus der Perspektivierung auf dieses anfänglich-göttliche Handeln erhält. Dagegen erklärt der philosophische Logos die Welt im Rückgang auf einen Ursprung, der als außerzeitlicher Grund aller Dinge in der Weise erscheint, daß er nicht wie die in der Welt vorfindlichen Einzeldinge kommt und vergeht, sondern auf ewig als Allgemeines feststeht.

Während daher der Mythos das Handeln der Götter im Wortsinne als Handlung/Drama (δρᾶμα) inszeniert, das man darstellen und erzählen kann, um die Bedeutung der Welt, wie sie ist, zu enthüllen, setzt der philosophische Logos auf eine disengagierte Schau (θεορία) des im Zeitlichen zur Erscheinung kommenden Ewig-Allgemeinen, über das in rationaler Argumentation Rechenschaft abgelegt werden kann (λόγον διδόναι). Wenn nun aber die Wahrheit der rational erklärbaren Welt, wie sie im Logos aufgerufen wird, die Wahrheit eines in der Welt sich zeigenden Ewig-Allgemeinen ist, dann erscheint ebendiese Wahrheit im Grunde als Gegenwart, die immer so ist, wie sie ist — und seit jeher so war und immer so sein wird.[9]

Die Erscheinung der Wahrheit als Gegenwart charakterisiert indessen auch den Mythos, nur daß er diese Erscheinung als Drama in Szene setzt, indem er die Bedeutung der Gegenwart auf das vor aller historischen Zeit liegende Handeln der Götter zurückführt, deren Epiphanie im Jetzt der historischen Zeit den Menschen anzeigt, daß die Dinge immer noch so sind, wie sie seit dem entscheiden-

[9] Dazu Picht: *Wahrheit, Vernunft, Verantwortung*, S. 281–317.

den Götterdrama eben sind. Wenn mit Hesiod der griechische Sänger von Mythen in seinem göttergeschenkten Gesang Künftiges und Vergangenes preist und in diesen Lobpreis die ewigen und seligen Götter miteinbezieht,[10] dann deshalb, weil ihm die ewigen Götter die Garanten einer Welt sind, in der Vergangenes und Künftiges nicht anders ist als die Gegenwart, so daß in dem Augenblick, da die Epiphanie des Gottes den Gesang schenkt, dieser Gesang gar nicht anders kann, als von Vergangenem und Zukünftigem zu künden und sich darin zugleich der ewigen Gegenwart der Götter zu versichern. Als Mensch diese ewige Gegenwart der Götter zu besingen heißt nicht, dem Phantasma eines Allwissens zu verfallen, das über alle in der Welt geschehenden Ereignisse und vorfindlichen Verhältnisse konkret Auskunft zu geben vermöchte. Der Mythos überläßt diese allwissende Konkretion vielmehr den Göttern, deren Gesang mit seiner Verlockung zum Allwissen nichts anderes als ein Sirenengesang ist, der die Menschen, die ihn hören, in den sicheren Tod führt.[11]

So nahe sich Logos und Mythos darin sind, daß sie das Erscheinen von Wahrheit als Gegenwart konzipieren, so weit sind sie in der Ausgestaltung der Art und Weise dieses Erscheinens voneinander entfernt.

Der Logos nämlich, der die Epiphanie der ewigen Gegenwart in der Zeit kontempliert, schaut diesen Bereich des Erscheinens als Physis (φύσις) an, in der alles Seiende von sich aus anwest, um seinen Grund freilich in einer der Physis transzendenten Zone ewig-unveränderlicher Wahrheit zu finden.[12] Der Mythos hingegen verortet alles,

[10] Hesiod: *Theogonie*, V. 32–34.

[11] Homer: *Odyssee*, XII, V. 184–191.

[12] Φύσις ist also nicht dasselbe wie das, was wir in der Übersetzung dieses Wortes mit »Natur« bezeichnen, nämlich ein Bereich von uns entgegenstehenden Objekten, auf die wir Zugriff haben. Dazu Picht:

was erscheint, *innerhalb* eines transzendenzlosen Kosmos, so daß selbst noch die mythischen Götter, denen der Kosmos seine Entstehung und seinen Bestand verdankt, nicht anders denn als innerkosmische Wesen auftreten können.

Damit ist die mythische Welt des Kosmos durch einen Spannungsabschluß charakterisiert, der freilich prekär bleibt:[13] Der in den Kosmos verlegte Seinsgrund zeichnet zwar eine bestimmte innerkosmische Zone — die Götter — als höherrangig aus, weil diese Zone insgesamt kosmosgestaltend und -erhaltend ist, aber dieser höherrangige Bereich der Götter erweist sich alsbald als zu wenig welthaft, um wirklich als ein eigener innerkosmischer Objektbereich durchgehen zu können, so daß notwendigerweise die Frage nach der kosmoserhaltenden Funktion von Göttern auftreten muß, die als innerkosmische Wesen gar nicht auffindbar sind. Und selbst wenn die kosmoserhaltende Funktion der mythischen Götter nicht in Frage stehen sollte, weil man sich ihrer immer wieder in ritualisierten Festen gleichsam als Einübung ins Kontrafaktische zu versichern versucht, so wird die kosmoserhaltende Funktion der Götter doch spätestens dann bedroht, wenn sich herausstellt, daß die Götter nicht in der Lage sind, die ihnen gehorchenden Gesellschaften vor Eroberung und Untergang zu bewahren.

An dieser Stelle meldet sich in den kosmologischen Gesellschaften eine Unterströmung von Angst, die den Glauben an die innerkosmischen Götter und damit an den Kosmos als eines von den Göttern geschaffenen und erhaltenen und die Menschen schützenden Bereichs schließlich zerstören muß.[14] Ist dieser Glaube aber einmal zerstört, geraten die kosmologischen Gesellschaften in eine Krise,

Wahrheit, Vernunft, Verantwortung, S. 290 f.

[13] Ich folge hier Voegelin: *The ecumenic age*, S. 76 f.

[14] ebd., S. 70 f.

die weder durch eine sture Weitererzählung der in ihrem Versicherungssinn zerbrochenen Mythen noch gar durch eine geschickte Erneuerung kosmologischer Geschichten aus der Welt zu schaffen ist. Es gibt hier keine weiterführbare »Arbeit am Mythos« mehr, weil der Mythos faktisch zu Ende gebracht ist.

Daß man das nicht wahrhaben wollte und will und immer wieder neue Mythologien ersann, liegt nicht nur an dem vergleichsweise simplen Effekt, daß historisch erledigte Formationen im Pelz der Ästhetik auch lange Winter zu überdauern vermögen. Es liegt vor allem daran, daß die dem Mythos unterstellte Dauererzählbarkeit, in der sich »hochgradige Beständigkeit des narrativen Kerns« mit »ebenso ausgeprägter marginaler Variationsfähigkeit« paaren können soll,[15] der ideale Spielplatz für eine philologisch-philosophische Richtung ist, die in der endlosen Interpretation tradierter Texte zu sich selbst zu kommen versucht.

Das ist nicht erst seit dem Strukturalismus und Poststrukturalismus der Fall, als man ganz offen an die Abschaffung des Autors ging, um sich über das Zerbrechen des Textes und die dadurch möglich gewordenen kakophonischen Lektüren zu freuen.[16] Es ist in der Tendenz vielmehr seit jeher überall dort der Fall, wo man überlieferte Texte einer Allegorese unterwirft, die nach verborgenen Bedeutungen sucht, mit deren Hilfe offenkundig Anstößiges interpretatorisch bewältigt werden soll. Das endet spätestens seit den Stoikern damit, daß man sich einerseits der Würde der tradierten Texte bedient, um die eigene Lehre damit aufzuwerten, während man andererseits den überlieferten Texten die eigene philosophische Leh-

[15] Blumenberg: *Arbeit am Mythos*, S. 40.
[16] S. o. 54 f.

re als verborgene Bedeutung unterschiebt.[17] Dann kann man in der Tat mit den Texten alles machen und sich auf dem Feld der Auslegung damit beruhigen, daß die Bedeutung der Texte sich immer schon aus dem Horizont der Gegenwart und ihrer philosophischen und sonstigen Bedürfnisse bestimmte. Und weil das von der endlosen Kette vergangener und zukünftiger Gegenwarten gilt, darf man endlich mit der Schulter zucken und den Menschen für ein seit jeher und für alle Zukunft in Mythen verstricktes Lebewesen halten.

So groß aber unser Vergnügen an den kleinen und großen Intrigen der olympischen Götter auch immer sein mag, nichts bringt uns die frommen Schauder wieder, die von diesen Göttern einmal ausgingen.[18] Und weil das so ist, sind die mythischen Götter der Griechen seit langem keine Gegenstände des Glaubens und einer mit dem Glauben verbundenen Weltorientierung mehr, und niemand erwartet heute im Ernst noch, daß sich in einem natürlichen Geschehen ein mythischer Gott in seinem Sein bezeugt.[19]

Man mag das für einen sehr beklagenswerten Mangel an humaner Pietät halten und die Mißachtung der mythischen Götter aufs Schuldenkonto des im religiösen Wettbewerb siegenden Christentums schreiben, das die aus dem Judentum stammende »Mosaische Unterschei-

[17] Pfeiffer: *Geschichte der Klassischen Philologie*, S. 26 f. zum historischen Beginn der Allegorese; ebd. S. 289 ff. zur Popularisierung der allegorischen Interpretation durch die Stoiker.

[18] Walter F. Otto hat diese Schauder in seinem Buch über *Die Götter Griechenlands* beschrieben und Rudolf Otto hat sie als Einwirkung eines »Numinosen« analysiert (Otto: *Das Heilige*).

[19] Im Ernst erwartet man es nicht; aber man kann mit dieser Erwartung scherzen, wie es Niebelschütz in seinem *Blauen Kammerherrn* getan hat.

dung«[20] im welthistorischen Maßstab ausbuchstabiert hat: die Unterscheidung von wahr und falsch im Gebiet der Religion, wodurch alle anderen Götter außer dem Einen Wahren Gott zum Verschwinden gebracht wurden.

Dabei muß die Kritik an der religiösen Unduldsamkeit des Christentums allerdings nicht nur die den kosmologischen Gesellschaften immanente Spannung übersehen, die aus der Verortung des Seinsgrundes innerhalb des Kosmos entstand und das Vertrauen in die mythischen Götter schließlich unterminierte, lange bevor an ein Christentum überhaupt zu denken war; sie muß auch übersehen, daß ebender in der mythischen Welt des Kosmos versuchte und gescheiterte Spannungsabschluß zur Geburt der Philosophie führte, die zu ihrer eigenständigen Rolle durch den Nachweis fand, daß die mythischen Götter nicht leisten, was sie zu leisten versprechen, weshalb ein anderer Grund und Anfang (ἀρχή) nötig sei, aus dem man den Bestand der Welt erklären müsse.

So jedenfalls amüsiert sich Aristoteles darüber, daß die ewigen Götter mit Nektar und Ambrosia Speisen zu sich nehmen und folglich, als der Speisen bedürftig, wohl kaum ewig sein können.[21] Und er hat keine Scheu auszusprechen, daß die plastische Ausmalung der Göttergeschichten doch nur »zur Überredung der Menge und zur Anwendung für die Gesetze und das allgemeine Beste« dient.[22] Daraus läßt sich dann allerdings ohne große Anstrengung der Schluß ziehen, daß, ist das Geheimnis der Nichtexistenz dieser Götter erst einmal verraten, auch ihre politische Überredungsfunktion dahin ist und also ein anderer tragender Grund für den Aufbau einer Gesellschaft notwendig wird. Das aber kann nur gelingen, wenn dieser

[20] Dazu Assmann: *Die Mosaische Unterscheidung.*
[21] Aristoteles: *Metaph.*, III,4; 1000 a 9–24.
[22] ebd., XII,8; 1074 b 3–5.

andere Grund zugleich jene Weltorientierung zustande bringt, die der Mythos einst vermittelt hatte.

Wenn an dieser Stelle die griechische Philosophie ihren Einsatz wagt, indem sie den mythischen Rückgang in den legitimierenden Ursprung aller innerkosmischen Dinge durch die disengagierte Schau des im Zeitlichen zur Erscheinung kommenden Ewig-Allgemeinen ersetzt, dann darf man nicht verkennen, daß dieser Einsatz den Mythos in seinem Kern nicht zerstört, sondern bewahrt. Denn der alles erklärende anfängliche Grund (ἀρχή) wird von Mythos *und* Philosophie als ewige Gegenwart gedacht, gleich, ob diese ewige Gegenwart nun die Epiphanie eines transzendenten ewigen Seins (Philosophie) oder die Epiphanie innerkosmischer Götter ist, deren dramatisches Ursprungshandeln die Welt zur Welt machte (Mythos). In beiden Fällen wird die empirische Gegenwart von ihrem tragenden Ursprung geschieden und der tragende Ursprung eben durch diese Scheidung zu einem Absolutum, das trotz seines Getrenntseins von der empirischen Gegenwart ebendiese Gegenwart verursachen und in allen ihren Details explizieren soll.[23]

Für die empirische Gegenwart heißt das, daß sie genau dann erklärt ist, wenn sie als *notwendige* Emanation des tragenden Ursprungs dargestellt oder analysiert ist; und da dieser tragende Ursprung als ewige Gegenwart vorgestellt wird, ist die empirische Gegenwart zuletzt genau dann erklärt, wenn sie als notwendige Emanation der ewigen Gegenwart aufweisbar ist. Wo das geschieht, wird die Zeit stillgestellt: alles ist jetzt so, wie es ist, weil es notwendigerweise immer schon so war, ist und sein wird. Dank dieser Konstruktion ist es nicht allzu schwer, die Notwendigkeit des Mythos in den philosophischen Logos

[23] Hierzu und zum Folgenden Cassirer: *Das mythische Denken*, S. 129 ff.

hinüberzuretten, um ihn ebendort, wie Platon am Ende des zehnten Buch seines *Staates* schreibt, zu bewahren und nicht verlorengehen zu lassen.[24]

Man mag das, was Platon da erzählend bewahrt, einen »philosophischen Kunstmythos« nennen, um ihn vom ursprünglichen Mythos zu unterscheiden. In Wahrheit aber verdeckt diese Terminologie, daß die griechische Philosophie gar nicht anders kann, als mit dem Mythos zu beginnen und mit ihm zu enden.

Denn, wie Aristoteles bemerkt hat, schon die Tatsache, daß man sich über das vorfindliche Seiende zu wundern beginnt, überwindet ebendieses Seiende, indem die Verwunderung auf eine allgemeine Annahme über die am Seienden feststellbaren Ähnlichkeiten zutreibt, woraus Kunst und Technik (τέχνη) entsteht.[25] Eine solche allgemeine Annahme über Seiendes liefert nun aber auch der Mythos, weshalb Aristoteles den Freund des Mythos »in gewisser Weise« für einen Philosophen hält:[26] ist obendrein doch das, was der Mythenfreund als Mythos hervorbringt, ohne unmittelbaren Nutzen und daher insofern mit der Wissenschaft (ἐπιστήμη) verwandt, als auch sie das Erkennen um seiner selbst willen und also ohne Schielen auf einen Nutzen wählt.

Aber nicht nur durch die am Anfang allen Staunens stehende Bildung von allgemeinen Annahmen über Seiendes gehören für Aristoteles Mythos und Wissenschaft und damit Philosophie zusammen, sondern auch durch die gemeinsame Orientierung auf die Erkenntnis des Guten für jedes Einzelne und des im Ganzen Besten in der gesamten Natur.[27] Dieses Gute und Beste nämlich ist nichts anderes

[24] Platon: *Politeia*, 621b.
[25] Aristoteles: *Metaph.*, I,1; 980 b 28 ff.
[26] ebd., I,2; 982 b 18: διὸ καὶ ὁ φιλόμυθος φιλόσοφός πώς ἐστιν.
[27] ebd., I,2; 982 b 6f.

als ebenjene Notwendigkeit, die das gesamte Sein und also auch das menschliche Zusammenleben beherrscht und daher in Form von Gesetzen ausgesagt werden kann.

Daß diese Notwendigkeit »schön« sei und wegen ihrer Schönheit als ein tragender Anfangsgrund von allem (ἀρχή) eingesehen werden müsse,[28] verquickt freilich die rein logische Argumentation mit einer Ästhetik, die notwendigerweise für schön halten muß, was notwendig so ist, wie es ist — andernfalls eben schön sein könnte, was nicht notwendig ist, wodurch dann aber die reine Notwendigkeit nichts weiter wäre als jene häßliche Notwendigkeit, die uns im Gefängnis des seit jeher und in alle Zukunft immer schon so Seienden festhält. Weshalb Platon im *Staat* an genau dieser Stelle seinen schönen Mythos von der Spindel der Notwendigkeit erzählt, vor der jeder Mensch in einem unvordenklichen freien Akt sich seinen lebensbestimmenden Daimon wählt und daher selbst schuld ist an dem, was ihm in seinem Leben auf Erden begegnen wird.[29] Das heißt doch aber nur, die Freiheit der Wahl zu einem Gegenstand des Mythos zu machen, so daß hinieden auf dem Feld der weltlichen Empirie zuletzt Ethik mit Ästhetik und Wissenschaft (Philosophie) kurzgeschlossen werden kann: mag es *dort* einen kurzen Augenblick lang so etwas wie Freiheit gegeben haben, *hier* haben wir nichts als Notwendigkeit und etwas Philosophie, um der Notwendigkeit auf die Spur zu kommen und am Ende dann doch wieder nur schreckenbannende Mythen erzählen zu können.

Sosehr daher die griechische Philosophie über den Mythos mit seinem innerkosmischen Spannungsabschluß

[28] ebd., XII,7; 1072 b 10 f.: ἐξ ἀνάγκης ἄρα ἐστὶν ὄν: καὶ ᾗ ἀνάγκῃ, καλῶς, καὶ οὕτως ἀρχή. Das ist natürlich die Wiederkehr eines platonischen Motivs, s. o. S. 38.
[29] Platon: *Politeia*, 615d ff.

hinausstrebt und zur Anerkennung einer echten Transzendenz führt, sosehr bleibt diese Transzendenz der mythischen Notwendigkeit verhaftet. Daher kehrt auf der Ebene der Philosophie wieder, was wir zuvor auf der Ebene des Mythos gefunden hatten: die Unterströmung einer Angst vor der Unbehaustheit in der Welt.

Wenn also griechischer Mythos und griechische Philosophie die Zeit in einer ewigen Gegenwart als ewiger Notwendigkeit stillzustellen versuchen, dann richtet sich das gegen die Grunderfahrung des Menschen, der zuletzt damit zurechtkommen muß, daß sein individuelles Leben der Zeit unterworfen und zum Tod ist.

Während der Mythos sich gegen diese menschliche Erfahrung stellt, indem er auf ewig junge Götter setzt, betrachtet sich die Philosophie als eine Einübung ins Sterben[30] angesichts des Todes, der für den Menschen das größte Schrecknis ist.[31] Eine Einübung, die darin besteht, daß der wahre Philosoph in der disengagierten Schau des Ewig-Allgemeinen im Grunde bereits jene Trennung von seinem Körper vollzieht, die der Tod dann endgültig machen wird, so daß er aufgrund seiner philosophischen Denkübungen schon im Leben dem Tod den Schrecken nimmt.[32] Um natürlich auch an dieser Stelle sich und dem Publikum nicht zu verhehlen, daß die ganze aus Trostgründen erzählte Geschichte von einer sich vom Körper ablösenden und immer wieder verkörpernden ewigen Seele ein Mythos ist, mit dem man sich die Zeit bis zum Abend und Tod vertreibt.[33]

Man muß aus dem Gesagten die Konsequenz ziehen, daß es im Raum der griechischen Mythologie und Phi-

[30] Platon: *Phaidon*, 64a.
[31] Aristoteles: *Eth. Nic.*, 1115 a 26.
[32] Platon: *Phaidon*, 67d ff. u. 77e.
[33] ebd., 61e u. 114d.

losophie im Grunde gar keine Geschichte geben kann. Wo alles, was ist, als Emanation einer ewigen Gegenwart erscheint, interessiert die Fülle des Seienden nicht unter dem Aspekt eines möglichen und noch niemals dagewesenen Neuen, sondern unter dem Aspekt ihres zeitenthobenen Wesens. Daher ist die griechisch verstandene Geschichte eine »Historie« im Wortsinne, nämlich eine Nachforschung (ἱστορία) nach dem, worauf der Lauf der Dinge als unveränderlicher Grund (ἀρχή) beruht. Mag sich daher auf der Ebene der Erscheinungen auch manche Änderung und Entwicklung feststellen lassen, so bleiben diese Änderungen und Entwicklungen doch stets im Rahmen dessen, was der unveränderliche Grund als Möglichkeitsraum vorgegeben hat.

Genau dagegen aber wendet sich das Christentum, das mit Paulus verstanden hat, daß es Freiheit nur geben kann, wenn es einen absoluten Anfang gibt. Denn alleine der absolute Anfang überwindet die geschlossene Welt der ewigen Gegenwart und eröffnet dadurch den Spielraum einer Geschichte, die mehr und anderes ist als der Erscheinungsraum ewig-unveränderlicher Archai: Geschichte im Zeichen des Christentums ist eine Geschichte, die nicht nur mit einem absoluten Anfang beginnt, sondern auch im Laufe der Geschichte Neues ermöglicht, weil sie den Menschen frei macht, absolut Neues zu schaffen.

2 Prothesis

Wenn der Mythos alles, was ist, auf das dramatische Ursprungshandeln der Götter zurückführt, dann muß der Versuch, den Mythos mitsamt seiner Welt der Notwendigkeit aufzuheben, den mythischen Anfang aufheben. Das aber heißt, nach einem Anfang zu suchen, der nicht durch das dramatische Ursprungshandeln namentlich bekannter

Götter gestiftet wird, die als innerkosmische Wesen den Bestand des Kosmos zu erhalten versuchen.

Paulus findet einen solchen anderen Anfang in der biblischen Geschichte von Adam und dem Sündenfall, die vom Mythos in dreierlei Hinsicht differiert. Erstens erzählt die biblische Schöpfungsgeschichte von einem Gott, der den Menschen seinen Namen verweigert und dessen Epiphanie ohne die Nachdrücklichkeit eines welthaft-vertrauten »Bildnisses« auskommen muß.[34] Damit kann zweitens der Gott der Schöpfungsgeschichte nicht mehr zu den innerkosmischen Göttern gehören, sondern ist ein transzendenter Gott, der sich nicht in der Welt *auf*hält, sondern zur Welt insgesamt *ver*hält. Dadurch verliert die Welt drittens ihren Status eines götterdurchtränkten Kosmos und kann eine völlig neue Funktion gewinnen: sie wird zu einem *Zeichen* Gottes gerade dadurch, daß sie *nicht* Gott ist.[35]

Gehen wir also mit Paulus an den Anfang zurück, an dem durch »*einen* Menschen [...] die Sünde in die Welt [hineinkam] und durch die Sünde der Tod, und auf diese Weise der Tod zu allen Menschen durchkam, weil alle gesündigt haben.«[36] Der Passus hat zu mancherlei Mißverständnissen Anlaß gegeben, deren größtes sicherlich die Annahme war und ist, es gehe hier um eine von Adam allen nach ihm kommenden Generationen vererbte Sünde, mit der Folge, daß seitdem alle Menschen sterben müssen. Tatsächlich aber ist hochgradig erklärungsbedürftig, wie Sünde und Tod des *einen* Menschen mit Sünde und Tod

[34] Ex 3,14; 20,4 u. Dtn 4,15–19; 5,8.
[35] Röm 1,20: »[Gottes] Unsichtbares [τὰ ἀόρατα] wird nämlich seit Erschaffung der Welt mit Vernunft an den Werken [ποιήμασιν] ersehen, seine ewige dynamische Kraft [δύναμις] und Gottheit [θειότης].«
[36] Röm 5,12.

aller Menschen zusammenhängen und wieso die Sünde zum Tod führen soll. Man wird daher gut daran tun, sich zunächst des Begriffs der Sünde zu versichern, der das zentrale Moment der paulinischen Gedankenfigur darstellt.

Auf das, was Sünde ist, kommt Paulus gleich eingangs des Römerbriefs zu sprechen. Es sei ein Merkmal der Gottlosigkeit und Ungerechtigkeit, schreibt er da, wenn die Zeichenfunktion der Welt, die diese auf Gott verweise, zwar wahrgenommen werde, aber aus der Wahrnehmung der Zeichenfunktion kein entsprechendes Handeln erfolge, das darin liegen müsse, Gott zu ehren und ihm zu danken.[37] Eine solche Verfehlung des Ehrens und Dankens führt nun nach Meinung des Apostels zu einer Störung unseres Weltbezugs, die sich zum einen in der Dimension unseres auf Sprache und Mitteilung angewiesenen Denkens (διαλογισμός) und zum andern in der Dimension unseres aus Affekten und Wollen resultierenden Handelns (καρδία) bemerkbar macht. Die Störung liegt auf der Ebene des Denkens darin, daß wir die Verweisung, die von der Welt auf die Transzendenz führt, auf Innerweltliches zurückbiegen, indem an die Stelle des unsichtbaren Gottes die »Kopie eines Bildes« (ὁμοίωμα εἰκόνος) tritt, eines Bildes also, das nicht, wie Adam, von Gott selbst als Abbild Gottes geschaffen wurde,[38] sondern seine Zeichenfunktion alleine aus der Verweisung von sichtbar Weltlichem auf sichtbar Weltliches erhält: Menschen- oder Tierbilder werden zu Göttern.[39] Und daraus entspringt dann eine Fehlleitung unseres Handelns, die dazu führt, daß wir das Geschöpf anstelle des Schöpfer verehren und dadurch unseren Leib (σῶμα) entehren.[40]

[37] Röm 1,21.
[38] Gen 1,26f.
[39] Röm 1,23.
[40] Röm 1,24f.

Ganz offensichtlich liegt die Pointe der paulinischen Ausführungen nicht auf erkenntnistheoretischer Ebene, denn der Apostel zweifelt keinen Augenblick daran, daß wir Gott erkennen können — allerdings nur indirekt über das, was als Schöpfung sichtbar vor unser aller Augen liegt[41] und durch die dynamische Kraft (δύναμις) Gottes im Sein erhalten wird.[42] Das Augenmerk des Apostels liegt vielmehr auf der Handlungsebene, auf der sich das Problem ergibt, wie bei der unbezweifelbaren Erkennbarkeit Gottes in seiner Schöpfung die ihm abzustattende Ehre und der ihm abzustattende Dank verfehlt werden können und ebendarin eine Entehrung unseres Leibes zu sehen ist.

Die Stelle ist für das moderne Bewußtsein nicht nur deshalb hochgradig anstößig, weil sie den Zusammenbruch ethischer Normen kurzerhand mit einer Entehrung des Leibes identifiziert, sondern auch, weil sie diese Entehrung an einem Lasterkatalog exemplifiziert, der von homosexuellen Praktiken über Habgier und Neid bis zum Mord reicht, um am Ende sich auf eine göttliche »Rechtsordnung« (δικαίωμα) zu berufen, die für die genannten Laster nur eine Strafe kennt, nämlich den Tod.[43]

Nun muß man freilich zunächst darauf achten, daß die »Rechtsordnung«, von der Paulus hier spricht, kein kodifiziertes Gesetz meint, sondern etwas, was vor aller Kodifizierung liegt und schon den Heiden »ins Herz geschrieben« ist,[44] so daß sich folglich auf der Ebene des »Herzens« entscheiden muß, was Sünde ist. Das »Herz« aber ist als der Ort, an dem unser Handeln seinen Ausgang nimmt, nicht eindeutig, denn es kommt vor, daß wir in

[41] Röm 1,19: φανερόν ἐστιν.
[42] Röm 1,20.
[43] Röm 1,26–32.
[44] Röm 2,15.

unserem Handeln bisweilen dem »Gesetz Gottes« folgen, dann aber wieder dem »Gesetz in den Gliedern«,[45] und zwar unabhängig von dem, was wir eigentlich wollen. Damit stehen wir handelnd vor der Paradoxie, daß wir dann und wann nicht wollen, was wir tun, und dann und wann nicht tun, was wir wollen.[46] Ebendas aber, daß wir, wenn wir handeln, durchaus wissen, was wir eigentlich wollen sollen, bedeutet, daß das »Herz«, von dem unser Tun ausgeht, über eine Instanz verfügt, die uns sagt, wann unser Tun mit dem, was wir wollen sollen, nicht übereinstimmt; diese Instanz ist das Gewissen (συνείδησις).[47]

Wenn Sünde also beschrieben werden kann als ein Zuwiderhandeln gegen das, was uns das Gewissen sagt, dann braucht es im Grunde kein kodifiziertes Gesetz, das uns expressis verbis vorschreibt, was wir tun sollen und was nicht. Und in der Tat ist die Wirkung eines kodifizierten Gesetzes äußerst paradox: Indem es die Sünde *als* Sünde erscheinen läßt,[48] ist dem Menschen hinfort die Möglichkeit genommen, sich als ein von Natur aus sündeloses Wesen zu begreifen; aber ebendadurch, daß die Sünde nun durch das Gesetz zur Erscheinung gebracht ist, wird der Mensch dialektisch nicht nur des Begehrens (ἐπιθυμία) als Movens seines Handeln inne, sondern das Begehren wächst gleichsam mit jedem im Gesetz notierten Gebot, so daß schließlich »die Sünde im Übermaß (ὑπερβολή) sündig« wird[49] und sich als das zeigen kann, was sie in ihrem Kern ist: Tod. Allerdings ein Tod in doppeltem Sinne. Zum einen nämlich ein metaphorischer »Tod« als

[45] Röm 7,22f.
[46] Röm 7,15.19.
[47] Röm 2,15.
[48] Röm 7,13. In der Formulierung von Röm 3,20: »Durch das Gesetz Erkenntnis der Sünde.«
[49] Röm 7,13.

Verfehlung dessen, was das Gesetz Gottes und also das Gewissen unserem Herzen sagt, so daß wir in unserem Tun »dem Fleisch verfallen« und »dem Tod Frucht« bringen.[50] Zum andern aber »Tod« als faktisch-natürliches Ende des Lebens.

Paulus überblendet diese beiden Tode, den metaphorischen und den faktischen, indem er sie auf ihren Anfang in Adam zurückführt: daß Adam dem Begehren und nicht dem Gebot Gottes folgte und also sündigte, führte zu seiner Vertreibung aus dem Paradies und überantwortete ihn dem Tod.[51] Aber der Anfang in Adam ist nichts, was sich faktisch feststellen ließe, denn »Adam« muß verstanden werden als ein »Typus der Zukunft« (τύπος τοῦ μέλλοντος),[52] d. h. als ein »seitenverkehrter Abdruck« — das meint hier das griechische τύπος — dessen, der kommen sollte, nämlich Christus, durch den »alle lebendig gemacht werden.«[53]

Die Geschichte der Menschheit von Adam her denken heißt also, sie »typologisch« als eine Verkehrung denken, die weder durch ein kosmisches Gesetz noch durch einen unvordenklichen Ratschluß Gottes ihre Wirkung entfaltet, sondern alleine durch das, was Menschen seit Adam tun, indem sie ihrem Begehren folgen. Diese Verkehrung als »Tod« zu bezeichnen intendiert daher die größtmögliche Verschärfung der Ethik: wer auch immer in seinem Handeln seinem Begehren folgt, der tut den Tod. Dieser größtmöglichen Verschärfung entspricht die größtmögliche Verheißung, indem sich der Blick auf das »Gnadengeschenk des einen Menschen Jesus Christus« richtet,[54] auf

[50] Röm 6,5.
[51] Gen 3,19.22–24.
[52] Röm 5,14.
[53] 1 Kor 15,22.
[54] Röm 5,15.

einen Menschen also, der nicht seinem Begehren gehorchte, sondern Gott,[55] und der in diesem Gehorsam in den Tod ging, um dadurch den Tod aufzuheben und wieder aufzuerstehen zu neuem Leben.

Es geht also nicht um nachprüfbare Fakten, sondern um einander polar zugeordnete Ereignisse, die jedoch nicht gleichwertig sind: der Sinn des Todes erschließt sich nur vom Sinn des Lebens her, der einzig und allein in der Auferstehung durch Jesus Christus zu finden ist — und dieses Ereignis muß verkündet werden, weil es jenseits der Verkündigung keinen Status hat. Will sagen: Wenn wir das Ereignis des Christus verkündigen, diesem Ereignis im Glauben treu bleiben und es zum Maßstab unseres Handelns in Liebe machen, dann partizipieren wir an einem Leben, das den Tod überwindet.

Es lohnt sich, diesem Ereignis noch etwas nachzudenken und genauer auf die paulinischen Formulierungen zu achten.

»Sind wir nun mit Christus gestorben, so glauben wir, daß wir auch mit ihm leben werden«[56] — das markiert die Stufen des christlichen Glaubens: Das »Sterben mit Christus« ist das Begraben allen Rühmens, das aus den Triumphen philosophischer Spekulation oder hermeneutischer Lektüretechniken resultiert, in denen man vorgibt, man sei dem notwendigen Gang der Welt auf die Schliche gekommen. Der Glaube (»so glauben wir«) ist das Ende solcher weltlichen Gedankenspiele, um ganz neu anzufangen, aber eben anzufangen »nur« als Glaube, der ohne allen weltlichen Beweis folglich nichts weiter sein kann als eine ärgerliche Dummheit. Aber ebendiese ärgerliche Dummheit zielt auf ein »Leben mit Christus«, nämlich auf die Überwindung der ehernen Notwendigkeit, die sich

[55] Röm 5,19.
[56] Röm 6,8.

im Leben eines jeden Menschen als Tod meldet. Sterben, glauben und leben sind also die drei Schritte, die jeder Christ zu tun hat, um in seinem Alltag Glaube, Liebe und Hoffnung zu realisieren.

Wenn der Christ daher weiß, daß sein alter Mensch mit Christus mitgekreuzigt wurde, und wenn er obendrein weiß, daß Christus von den Toten auferweckt wurde und der Tod keine Macht mehr über ihn hat,[57] dann darf man dieses Wissen nicht mit einem empirischen oder philosophisch-spekulativen Wissen verwechseln, denn es basiert ausschließlich auf einer Überlieferung, die der Christ empfangen hat,[58] und damit gehört es zum Raum jener Zeichen, die »gemäß der Schrift« — und das heißt: im Kontext der Thora — zu interpretieren sind. *Daß* und *wie* die Zeichen aber zu interpretieren sind, ist durchaus nicht ausgemacht, so daß das Wissen des Christen einzig darin liegt, daß er im Glauben sich zu dem Entschluß bekennen muß, ein bestimmtes Ereignis als konform mit den überlieferten Zeichen zu betrachten.

Daher die Dankbarkeit des Apostels gegenüber den Juden: von ihnen stammen die Zeichen, deren Interpretation uns in die Nähe des Ereignisses bringt; und deshalb wird, solange die Welt währt, das Christentum nicht anders können, als sich als Einpfropfung in den jüdischen Ölbaum zu begreifen.[59] Aber diese Einpfropfung macht den Akt des Bekenntnisses nicht ungeschehen, sondern im Gegenteil: sie macht ihn notwendig, weil alleine durch das Bekenntnis des Glaubens die Dimension der Hermeneutik verlassen wird und das Christusereignis als Ereignis entdeckt werden kann. Denn was auch immer geschehen sein mag »gemäß der Schrift« — hätten wir es nicht als ein

[57] Röm 6,6.9.
[58] 1 Kor 15,3ff.
[59] Röm 11,16ff.

Ereignis mit unseren eigenen Augen »gesehen«, so wäre es nicht geschehen, und wir wären nicht die, die wir im Angesicht des Ereignisses geworden sind.[60]

Blickt man von hier aus auf die adamitische Tat zurück, zeigt sie sich allererst in ihrem vollen Umfang. Sie ist nicht nur deshalb Begehren, weil sie etwas will, was Gott nicht will, sondern sie ist Begehren vor allem deshalb, weil sie, indem sie Wissen und Erkenntnis begehrt, das Ereignis annuliert.[61] Denn das Ereignis versagt sich allen Regeln und hat seinen Fluchtpunkt jenseits der Sprache, so daß jeder Versuch, sich des Ereignisses zu bemächtigen, indem man es einer Regel subsumiert und in ein mit Notwendigkeit geltendes Gesetz faßt, das Ereignis zerstört. Und ebendas ist der Tod, von dem Paulus spricht: Adam hat ihn gewählt, als er, um so zu sein wie Gott, das Wissen und mit dem Wissen die Notwendigkeit wählte. Aber Gott ist nicht die Notwendigkeit, sondern manifestiert sich im Ereignis des Christus, das den Tod überwindet und darin die Geltung der Regel und des Gesetzes aufkündigt.

Daraus zieht Paulus einen radikalen Schluß: Wenn es keine Notwendigkeit gab, daß Christus von den Toten auferstand, wenn es sich hier vielmehr um das Ereignis schlechthin handelte, das unmotiviert und ohne Anlaß stattfand und also ein »Geschenk« (χάρις) ist, das wir als Menschen weder erwarten noch erbitten konnten — dann muß auch die adamitische Tat, die das seitenverkehrte Gegenstück zum Christusereignisses darstellt, als Ereignis verstanden werden. Aber eben als ein verkehrtes Ereignis,

[60] Siehe 1 Kor 15,5-10 mit seiner Betonung des ὤφθη und dem Hinweis: »Doch durch Gottes Gnade bin ich, was ich bin«.

[61] Man muß hier erneut hinweisen auf Schestow: *Athen und Jerusalem*, S. 272 ff. u. S. 301 ff., der in der Moderne wohl als erster die in der Geschichte vom Sündenfall liegende »Kritik der reinen Vernunft« bemerkt hat, und auf Badiou: *Paulus*, der die Logik des Christus-Ereignisses analysiert hat.

das in seinem Ereignen sich selbst als Ereignis sofort aufhebt — und zwar genau deshalb, weil die Annullierung des Ereignisses als »Tod« zu qualifizieren ist: Wo Tod ist, kann definitiv kein Ereignis mehr sein.

Es geht Paulus also darum, den Tod nicht einfach als Ende einer Lebensspanne hinzunehmen, sondern ihn zu erkennen als das Gegen-Ereignis schlechthin, nämlich als menschheitsbeherrschende Notwendigkeit, die die Freiheit des Ereignisses zunichte machen will. Und weil das so ist, genügt es nicht, ein kontemplativ-theoretisches Verhältnis zum Tod zu gewinnen und ihn am Ende gar zu verstehen, vielmehr kommt alles darauf an, ihn als Gegen-Ereignis zum Christus-Ereignis in den Blick zu bekommen und uns dadurch vor eine Entscheidung zu stellen: Entweder folgen wir Adam und annullieren das Ereignis und tun den Tod; oder wir folgen Christus, leben folglich in der Spur des einzig wahren Ereignisses und tun die Liebe, die den Tod überwindet.

Wie auch immer wir uns entscheiden und was auch immer wir dann tun, wir müssen es *tun*, und da wir ohne unseren Leib nichts vermögen, ist unser Leib der unmittelbare Ort der Entscheidung. Der paulinische Lasterkatalog, der auf viele so skandalisierend wirkt, hat genau darin seine Funktion, daß er diese Entscheidung in ihrer unmittelbar körperlichen Konsequenz deutlich macht. Denn die Pointe dieses Katalogs liegt ja nicht darin, Homosexualität, Neid oder Mord als Sünde zu brandmarken, sondern darin, Homosexualität, Neid und Mord als Konsequenzen eines untauglichen Denkens (ἀδόκιμος νοῦς) zu kennzeichnen,[62] das ebendeshalb untauglich ist, weil es dem Begehren gehorcht und damit der Notwendigkeit und dem Tod zum Durchbruch verhilft. Und zwar in einer Weise, die unseren Leib unmittelbar affiziert, indem er

[62] Röm 1,28.

zerstört wird oder sich einer unfurchtbaren Sexualpraxis hingibt, die das Gegenteil von dem ist, worauf es Paulus ankommt: Gott im eigenen Leib zu verherrlichen,[63] d. h. ebendiesen Leib als ein »Glied Christi«[64] an Gottes lebenschaffender Kraft partizipieren zu lassen und so Gottes Glanz und Aura darzustellen.

Wenn nun aber der Anfang in Adam als ein Gegen-Anfang verstanden werden muß, der uns auffordert, den wahren Anfang in Christus zu realisieren — und zwar in dem doppelte Sinne von: zu verstehen und dann auch zu tun —, dann sind wir damit in der Tat weit jenseits aller Mythologie, die sich mit der Notwendigkeit des Todes auszusöhnen versucht. Im Raum des Christentums kann es keinen Kosmos mehr geben, der in ewig-notwendiger Gegenwart so ist, wie er ist, bevölkert von kosmoserhaltenden Göttern, die ihr Spiel mit uns spielen, ohne sich darum zu scheren, ob die Spielregel der Notwendigkeit uns angemessen ist oder nicht. Im Raum des Christentum werden Kosmos und Sein vielmehr dynamisiert und wird der Dynamik eine Richtung gegeben, die, indem sie auf Gott zeigt,[65] die Richtung des Menschen ist. Das ist seither der Sinn von Geschichte.

Dieser Richtungssinn von Geschichte ist an nichts Äußerlichem ablesbar, an keinen Naturgesetzen und keinen überlieferten Zeichen, er ist einzig und allein ein Richtungssinn, der im Innern des menschlichen Herzens, im ἔσω ἄνϑρωπος,[66] zu finden ist — aber dort weder als esoterisches Gesetz noch als Geheimwissen, das durch magische Praktiken ans Tageslicht gehoben werden könnte oder nur den wahrhaft Eingeweihten zur Verfügung ste-

[63] 1 Kor 6,20
[64] 1 Kor 6,15.
[65] 1 Kor 8,6.
[66] Röm 7,22.

hen würde, sondern als Gewissen, das als »Gesetz Gottes« von allen Gesetzen dieser Welt differiert und nichts anderes als die Aufforderung meint, der lebenschaffenden Kraft Gottes zu vertrauen und sein eigenes Leben in der Spur dieser Kraft zu leben.

Dem scheint zu widersprechen, daß, folgen wir den gängigen Übersetzungen, Paulus im Römerbrief von einem »Ratschluß« oder »Vorsatz« spricht, durch den Gott für die Gläubigen alles zum Guten führe.[67] Das klingt sehr nach Prädestination und ist über Jahrhunderte hin auch so verstanden worden.[68] Würde Paulus hier und anderswo tatsächlich eine Prädestination im Sinn haben, wären freilich alle seine Bemühungen, die christliche Rede von Gott von heidnischer Mythologie und heidnischer Philosophie abzugrenzen, mit einem Schlag zunichte gemacht, denn die Prädestination unterstellt die Geltung eines Gesetzes, nach dem jeder Mensch entweder verworfen oder gerettet ist.

Das kann, nach allem, was wir bislang von Paulus wissen, seine Sache nicht sein — und ist es auch hier nicht. Denn der Text spricht weder von einem »Ratschluß« noch von einem »Vorsatz« oder »ewigen Plan«, der von Gott den Menschen zwecks Vollzug aufgenötigt wird; der Text spricht vielmehr von einer Prothesis (πρόϑεσις) — was man zunächst wörtlich als »Vor-Setzung« oder »Voraus-Setzung« wiedergeben muß[69] —, die jene, die berufen sind,

[67] Röm 8,28–30. Von »Vorsatz« spricht die Lutherbibel; Wilckens in seinem Kommentar zum Römerbrief hat dagegen »Ratschluß« (*Der Brief an die Römer*, Bd. 2 z. St.). Die Einheitsübersetzung verschärft zu einem »ewigen Plan«.

[68] Siehe das Material bei Kraus: *Vorherbestimmung*.

[69] Zur Bedeutungsvielfalt von πρόϑεσις siehe die einschlägigen Wörterbücher und die Bemerkungen bei Michel: *Der Brief an die Römer*, S. 211, Anm. 1 u. 2 und Wilckens: *Der Brief an die Römer*, Bd. 2, S. 163, Anm. 725.

einbegreift und darauf orientiert, dem Bild des Sohnes Gottes gleichgestaltet (σύμμορφοι) zu werden.[70] Tatsächlich meint das eine göttliche Zielsetzung der Geschichte, aber keine, die unabhängig von dem, was Menschen tun, erreicht wird.

Denn daß den Menschen das Bild des Sohnes vorgesetzt wurde, heißt nicht, daß sie in diesem Augenblick der Vor-Setzung mit einem universal gültigen Maßstab ausgestattet wurden, der sich dank seiner göttlichen Wirkkraft von alleine in der Geschichte durchsetzen wird, es heißt vielmehr, daß wir die Prothesis als universal gültigen *Anspruch* denken und vollziehen müssen, nämlich als Nachvollzug der Sohnesgestalt — also konkret: als Nachvollzug des Gehorsams gegen Gott.

Das bedeutet nicht, die mythologische oder philosophische Notwendigkeit gegen einen christlichen Gehorsam auszutauschen, der schon dem Namen nach den Menschen auf eine Bedingungslosigkeit im Nachvollzug zu verpflichten scheint, so daß es folglich mit der Freiheit des Menschen wieder nichts wäre. Das genaue Gegenteil ist gemeint: Indem der Gehorsam auf das Wissenwollen dessen verzichtet, was notwendig so ist, wie es ist, öffnet er sich auf die reine Möglichkeit des Andersseins, auf das Ereignis nämlich, das jede Notwendigkeit durchbricht. Dieses Ereignis ist kein abstraktes Philosophem, sondern hat sich, so bezeugt es der Glaube, historisch konkret in Christus ereignet, in seinem Sterben und seiner Auferweckung von den Toten.[71]

Daher intendiert der Nachvollzug der Sohnesgestalt im Nachvollzug des Gehorsams die Teilhabe an dem, was sich in und mit Christus erreignet hat: die Auferstehung von den Toten. Diese ist folglich kein feststehendes zukünfti-

[70] Röm 8,29.
[71] 1 Kor 15,3ff.

ges Faktum, auf das man in Ruhe warten kann, sondern der Entwurf einer Zukunft, die unsere Mitarbeit erfordert.[72]

Was von Gott her also feststeht ist einzig dies: daß uns Christus als Ziel unseres weltlich-historischen Handelns vor-gesetzt wurde und wir in diesem Sinne »vorausbestimmt« sind.[73] Aber dieses Ziel hat nicht den Status einer historischen Notwendigkeit, sondern eines Anspruchs, der im Vertrauen auf seine Erreichbarkeit allererst realisiert werden muß. Kurz: in Christus zeigt sich nicht der geheime notwendige Motor der Geschichte, sondern das von den Menschen frei zu wählende Grundmotiv ihres Handelns, das sie auf nichts anderes verpflichtet als darauf, diese Freiheit gegen alle scheinbaren Notwendigkeiten zu leben. Dabei hilft uns das Gewissen: es ist der Zeiger in uns, der unablässig auf unsere Freiheit zeigt und damit auf jenes Ziel und Ende der Geschichte, das wir zur Prothesis unseres Handelns machen müssen, wenn wir denn wirklich frei sein wollen.

3 Zoe

In der Spur des einzig wahren Ereignisses — des Todes und der Auferstehung Jesu Christi — zu leben und die Liebe tun, die den Tod überwindet: das heißt für Paulus, die Gabe Gottes zu finden, nämlich »das ewige Leben in Christus Jesus«,[74] so daß die gesamte Schöpfung nicht

[72] Daher Röm 8,28: »Wir wissen, daß denen, die Gott lieben, alles mitwirkt (συνεργεῖ) zum Guten«. Aber dazu darf man sich nicht in den Zustand eines Von-Gott-Geliebtseins hineinträumen, sondern muß stets »Gottes Mitarbeiter« (2 Kor 6,1) sein.

[73] 1 Kor 8, 29f.

[74] Röm 6,23.

mehr in Geburtswehen seufzen muß,[75] sondern endlich die »Kinder/Söhne Gottes« gebären kann.[76] Das ist in der Tat die wunderbare Perspektive auf ein Ende, das kein Ende im Tod ist, sondern ein Ende als Anfang: ein Ende als Geburt, das die gesamte Schöpfung einbegreift. Aber davor? Davor liegt unsere Herkunft und unsere Zukunft, davor liegt das Erbe und die Verheißung.

Was das bedeutet, macht Paulus deutlich, indem er auf die Rolle des Volkes Israel zu sprechen kommt, das ja nicht nur, nach eigenem Verständnis und nach dem Verständnis des Apostels, das auserwählte Volk ist und damit in einer ganz besonderen Beziehung zu Gott steht, sondern das obendrein das Volk ist, aus dem Christus stammt[77] und von dem sich die Christen folglich herschreiben.

Aber diese Herkunft der Christen kann nicht als biologische oder heilsgeschichtliche Kontinuität aufgefaßt werden, denn weder setzt sich in Christus das Judentum fort noch stammen die Christen biologisch von Christus ab. Vielmehr gilt: Wenn mit Christus etwas Neues beginnt, dessen Legitimation gerade nicht in seiner Herkunft liegt, dann stehen auch die Christen, die in der Nachfolge Christi leben, nicht mehr in der Kontinuität Israels, des auserwählten Volkes.

Damit ist die seit den Erzvätern waltende biologische und heilsgeschichtliche Kontinuität und der heilsgeschichtliche Anspruch Israels in Christus zu einem Ende gebracht: die Heilsgeschichte Israels führt bis zum Christus und bricht mit ihm ab, weil hinfort nicht mehr die Herkunft das Heil verbürgt, sondern das, was Paulus »Ver-

[75] Röm 8,22.
[76] Röm 8,14.16.19.21.23.
[77] Röm 9,5.

heißung« (ἐπαγγελία) nennt.[78] Durch diesen Abbruch der heilsgeschichtlichen Kontinuität Israels steht aber zuletzt in Frage, was von einem Gott zu halten ist, der Israel als sein Volk bezeichnet und ihm eine grandiose heilsgeschichtliche Perspektive eröffnet, um diese Perspektive in Christus auszulöschen und sein eigenes Versprechen zunichte zu machen.

Paulus löst dieses Problem in zwei Schritten. Im ersten Schritt zeigt er, daß das Verständnis von Heilsgeschichte als einer Geschichte von kontinuierlicher Zugehörigkeit zu einer auserwählten Entität — hier also: Israel — ein Mißverständnis ist. Und im zweiten Schritt legt er dar, daß die Dimension dessen, was er »Heil« oder »Erlösung« (σωτηρία) nennt, sich überhaupt nicht im Rekurs auf eine wie auch immer geartete Vergangenheit zeigt, sondern einzig in der Perspektivierung einer Zukunft, die uns verheißen und vor-gesetzt wird.

Zum ersten Schritt. Hier argumentiert Paulus auf der Ebene der Thora, um durch den Schriftbeweis zu zeigen, daß der Anspruch der Juden auf heilsgeschichtliche Kontinuität schon von dem Text her, durch den sie sich legitimiert sehen, nicht aufrecht erhalten werden kann. Daß nicht alle, die aus Israel stammen, Israel sind,[79] und daß selbst der Brauch, wonach der jüngere dem älteren Sohn zu dienen hat, aufgekündigt werden kann,[80] zeigt, daß die rein biologische Abstammung und die durch Tradition sanktionierten Unterordnungsverhältnisse nicht konstitutiv für die Identität Israels sind. Konstitutiv ist vielmehr die »Verheißung«, die der biologisch-naturgesetzlichen und der durch die Tradition fixierten Abstammungskette nicht nur eine ganz neue Richtung geben kann, sondern

[78] Röm 9,6–9.
[79] Röm 9,6f. mit Bezug auf Gen 21.
[80] Röm 9,12f. mit Bezug auf Gen 25,23.

bei diesem Richtungswechsel auch eine permanente Verzweigung vornimmt, so daß eben nicht die Gesamtheit der Nachkommen sich als Erwählte begreifen kann, sondern immer nur ein »Rest« (ὑπόλειμμα).[81]

Zum zweiten Schritt. Hier müssen wir fragen, was unter »Verheißung« zu verstehen ist, die immer nur einen »Rest« übrigläßt. Natürlich meint »Verheißung« zunächst ein dem Menschen unverfügbares Handeln Gottes, und das bringt uns wieder in die Nähe des Gedankens einer göttlichen Vorherbestimmung des menschlichen Schicksals. Daß das aber auch hier nicht gemeint sein kann, ergibt sich daraus, daß Paulus die Verheißung direkt auf die göttliche Prothesis bezieht: in der Verheißung wird die Prothesis als Ruf gehört, und diejenigen, die diesem Ruf folgen und also die Prothesis als Voraus-Setzung zu leben beginnen, sind die »Berufenen«.[82] Da gibt es in der Tat nichts zu beweisen, schon gar nicht auf biologischem Wege, vielmehr ist hier nur zu glauben,[83] daß der gehörte Ruf eine Verheißung meint, die ein Aufruf ist, so daß hinfort eine Umorientierung der Lebensvollzüge stattfindet und man zu einem »Kind der Verheißung« *wird*.[84]

Wenn wahre Abstammung damit aber der Vollzug der göttlichen Prothesis ist, dann ist wahre Nachkommenschaft immer eine epangelische Ent-Scheidung, die die Gruppe der biologischen Nachkommen teilt: nur ein Rest hört den Ruf, nur ein Rest lebt hinfort prothetisch, während die Masse, die die in der Verheißung laut gewordene göttliche Prothesis nicht hört, »verstockt« ist.[85] Folglich gehorcht die Epangelie des Restes der Logik einer Ver-

[81] Röm 9,27, der Jes 10,22 zitiert.
[82] Röm 9,11f.
[83] Röm 4,20.
[84] Röm 9,8.
[85] Röm 11,7f.

knappung, die immer größere Mengen der Nachkommen ausscheidet und, im Verhältnis zur Menge der Ausgeschiedenen, die Gruppe der »Kinder der Verheißung« immer kleiner werden läßt. Bis diese Verknappungslogik in Christus ihr Ende findet. Denn in Christus greift die Verheißung auf jene über, die bisher außerhalb des sich als erwählten Rest verstehenden Israel standen, so daß an die Stelle einer stets verknappenden Entscheidung die Inklusion als Fülle tritt: die Christen, die aus Juden *und* Heiden berufen werden,[86] sind ein heilsgeschichtlicher Rest, der kein Rest mehr ist, weil sie die Logik der Spaltung unterlaufen, um »alle [...] einer in Christus Jesus« zu sein.[87] Das kann nur gelingen, weil das Christentum nicht mehr an einer Beweisführung auf der Basis des Gegebenen und Immer-so-Seienden und Tradierten interessiert ist — weil es also weder Hermeneutik noch philosophische Spekulation betreibt, um zu klären, was oder wer etwas ist —, sondern weil es einzig und allein von dem her spricht, was es sich als Zukunft voraussetzt: den Christus als das Ende des Gesetzes.[88]

Das heißt nicht, die Herkunft gering zu schätzen.[89] Aber es heißt, zu erkennen, daß Herkunft nichts für die Zukunft präjudiziert.

Man kann daher von der Herkunft wenig mehr sagen, als daß sie den Raum dessen markiert, was »von Natur aus« (κατὰ φύσιν) zusammengehört,[90] aber diese physische Zusammengehörigkeit schafft als solche keine Identität, die vielmehr einzig und allein einer Verheißung entspringen

[86] Röm 9,24.
[87] Gal 3,28: πάντες γὰρ ὑμεῖς εἷς ἐστε ἐν Χριστῷ Ἰησοῦ. Von hier aus läßt sich ermessen, wie weit Agamben: *Die Zeit, die bleibt*, S. 62 ff. an dem, was Paulus mit »Rest« meint, vorbeiliest.
[88] Röm 10,4.
[89] Im Gegenteil, s. o. S. 134!
[90] Röm 11,20–24 ist ganz um das κατὰ φύσιν herumgebaut.

kann, in der man prothetisch zu dem wird, der verheißen wurde.

Daher kann es niemals ein Volk, auch nicht das Volk der Juden geben, das sich als biologische Abstammungs- und Traditionsgemeinschaft begreift, sondern es gibt immer nur ein Nicht-Volk, das als Volk berufen wurde und also die göttliche Prothesis zu leben unternimmt.[91] Wo das geschieht, beginnt die Gruppe der Berufenen (die Ekklesia) »das Israel Gottes« zu bilden,[92] ein Volk, das weiß, daß es kein durch bloße Biologie und aufgenötigte Tradition gezeugtes Volk ist, sondern ein Volk, das nur darin Volk sein kann, daß es den Ruf immer wieder hört, daß es die epangelische Ent-Scheidung vollzieht, um damit gerade alle Spaltungen zu Ende zu bringen. Das so verstandene Volk, das stets aufs neue berufene Nicht-Volk, ist von Gott niemals verstoßen worden.[93]

Aber das historische Volk Israel? Es ist ein Rest, der in historischer Zeit ein Rest bleiben wird, weil es in seiner »Verstockung« den Schritt zur Inklusion als Fülle nicht vollzieht. Weil nun diese Verstockung die Bedingung dafür ist, daß das Heil zu den Heiden kommt,[94] gehört das Volk Israel zur Geschichte der Christen in derselben Weise, wie Ismael und Esau zur Geschichte der Juden (und damit auch der Christen) gehören: Sie gehören zur Herkunft, zu dem Stamm, aus dem man gewachsen ist, aber diese Herkunft war niemals die Zukunft und ist es auch jetzt nicht. Denn die Zukunft ist die prothetische Realisierung eines »Israel Gottes«, das die Logik des Restes aufkündigt. Dies ist aber am Ende nur dadurch möglich, daß das historische Volk der Juden zum Glauben kommt, um dadurch

[91] Röm 9,25f., der Hos 2,1.25 zitiert.
[92] Gal 6,16.
[93] Röm 11,1.
[94] Röm 11,11.

die letzte Stufe der Inklusion zu vollziehen: den Schritt, daß wirklich »alle einer in Christus Jesus« sein werden.

Das ist freilich, sagt Paulus, das »Geheimnis« der Geschichte: »Verstockung ist einem Teil Israels widerfahren, bis die Vollzahl der Völker eingegangen ist; dann wird ganz Israel gerettet werden«.[95] Ein Geheimnis allerdings, das gar kein Geheimnis ist. Denn anstatt am Ende seiner Argumentation doch noch so etwas wie eine geheimnisvolle historische Notwendigkeit zu enthüllen, die dem durchschnittlichen Gläubigen nicht zugänglich ist und daher vom Apostel der staunenden Gemeinde verkündet werden muß, plaudert Paulus ein Nicht-Geheimnis aus, das nichts anderes ist als ein prophetischer Spruch, der in der Thora steht und von jedem gelesen werden kann — ein prophetischer Spruch,[96] der ein Aufruf zum Vollzug der Prothesis ist.

Und das eben ist die eigentliche Pointe: daß das Judentum, recht verstanden, im Anspruch auf Vollzug der göttlichen Prothesis lebt, daß es diesen Anspruch als epangelische Entscheidung tradiert hat, daß es also der »edle Ölbaum« ist, auf den der Christus und damit das Christentum aufgepfropft wurde — daß es aber dieser Aufpropfung bedurfte und bedarf, weil das Judentum den Christus verkannte, der die Logik der epangelischen Verknappung zu Ende geführt hat. So haben wir als Christen also unsere Zukunft nur, weil wir im Judentum unsere Herkunft haben, die immer schon eine epangelische Herkunft war. Wenn es hier ein Geheimnis zu enthüllen gibt, dann das Geheimnis des Christus: ein Geheimnis, zu dem man sich bekennen muß.

Freilich muß man die Logik des Restes hier sauber zuende denken. Sollte tatsächlich einmal der Augenblick ge-

[95] Röm 11,25f.

[96] Nämlich im wesentlichen Jes 59,20f.

kommen sein, da alle Heiden an Christus glauben, bliebe in diesem Augenblick der verstockte Rest des Judentums alleine außerhalb des Glaubens übrig. Nun ergeht aber die Berufung immer und stets an ein Nicht-Volk, das Gott als sein Volk beruft, so daß in dem Moment, da alle außer den Juden berufen sind, nur noch die Juden als Nicht-Volk zum Volk der Christen zu berufen sind. Das heißt zweierlei.

Erstens heißt es, daß in dem finalen Augenblick der Berufung des verstockten Israel tatsächlich »ganz Israel«[97] gerettet wird, nämlich das »Israel Gottes«[98] *und* der verstockte Rest des Volkes Israel. Und zweitens heißt es, daß die Heilsgeschichte, die als Geschichte des Volkes Israel mit dem Christus abbricht, dennoch eine Geschichte des Volkes Israel bleibt, allerdings, bezogen auf den verstockten Teil des Volkes Israel, eine Heilsgeschichte ex negativo: das Versagen Israels ist die Bedingung der Möglichkeit für das Heil der Heiden.[99]

Daraus ergibt sich allerdings die ungeheuerliche Konsequenz, daß der Augenblick, da der verstockte Teil des historischen Volkes Israel zum Glauben kommt, ein »Leben aus den Toten« sein wird.[100] Will sagen: Wenn die Menschheit insgesamt nicht mehr »nach dem Fleisch« (κατὰ σάρκα) lebt,[101] d. h. wenn sie den Raum, der durch den physischen Zeugungszusammenhang (κατὰ φύσιν) markiert ist, in dem Geburt und Tod nach dem Gesetz der Natur aufeinanderfolgen, dadurch aufgibt, daß sie in die Herkunft das Moment des Geistes Gottes einträgt, bekommt Herkunft einen Richtungssinn, der sich auf ei-

[97] Röm 11,26.
[98] Gal 6,16.
[99] Röm 11,11.
[100] Röm 11,15.
[101] Röm 8,12f.

ne Zukunft öffnet, in der Geburt und Tod als Gesetz der Natur aufgehoben werden.

Herkunft ist dann kein physischer Prozeß mehr, sondern eine epangelische Ent-Scheidung, die die in der Physis und Tradition liegenden Spaltungen überwinden will, um am Ende »alles« aus und durch und auf Gott hin zu sein.[102] Also muß auch jene letzte Spaltung, die im verstockten Teil Israels auf Dauer gestellt scheint, überwunden werden, so daß mit der Rettung ganz Israels »alles« gerettet werden kann und Gott endlich »alles in allem« ist.[103]

Dazu ist es nicht erforderlich, daß sich am juristischen Status eines Menschen (seiner κλῆσις) etwas ändert: Sklaven bleiben Sklaven, Freie bleiben Freie, Ledige bleiben ledig, Verheiratete verheiratet, Unbeschnittene bleiben unbeschnitten, und Juden bleiben Juden.[104] Was allerdings erforderlich ist, ist eine Umkehr, die den Berufenen keine neue weltliche Rolle auf den Leib schreibt, sondern sie im Modus der Wechselseitigkeit aufeinander Bezug nehmen läßt und so die starken Fixierungen schwächt.[105] Dadurch allein kann es gelingen, die weltlich-politische Vielfalt ineins mit der Vielfalt der individuellen Begabungen (den »Charismen«) im Hinblick auf eine universale Einheit zu transformieren, die der Welt keine vorgegebene heilsgeschichtliche Substanz aufnötigt, sondern im Modus der Wechselseitigkeit eine gemeinsame Entwicklung ermöglicht, die das prothetisch gesetzte Ziel zu realisieren unternimmt.[106]

[102] Röm 11,36: ὅτι ἐξ αὐτοῦ καὶ δι᾽ αὐτοῦ καὶ εἰς αὐτὸν τὰ πάντα.
[103] 1 Kor 15,28.
[104] 1 Kor 7,17ff.
[105] Siehe oben Kap. 2.
[106] Daher der prägnante und zur Formel drängende Nominalsatz in 1 Kor 8,6, der das gemeinschaftliche Wir-Sein und die Vermittlung dieses Wir durch Christus zum Ausdruck bringt: καὶ εἷς κύριος Ἰη-

Das und nur das überwindet die vielen kleinen metaphorischen Tode, die darin liegen, daß wir uns von unseren fixierten Standpunkten aus permanent gegenseitig richten, indem wir uns auf Rechtspositionen berufen, die uns stark machen und den Kontrahenten schwächen sollen.

Zuletzt aber intendiert die von Paulus verkündete Umkehr in Christus in der Durchsetzung des Modus der Wechselseitigkeit eine neue Schöpfung, die nicht nur dem metaphorischen Tod ein Ende bereitet, sondern »als letzten Feind« den realen Tod »ungeschehen macht« (καταργεῖται).[107] Diese neue Schöpfung ist für Paulus nicht Resultat einer göttlichen Heilstat, die mit Notwendigkeit am Ende der Zeiten eintreten wird. Vielmehr sind alle, die »in Christus« sind, bereits vom Moment ihres In-Christus-Seins an »neue Schöpfung«,[108] aber sie sind diese neue Schöpfung nicht im Sinne eines statischen Seins, das ein für allemal erreicht hat, was zu erreichen war, sondern sie sind es im Sinne einer von jetzt an gesetzten Orientierung auf ein Leben, in dem die natürlichen, durch Gesetze beschreibbaren Seinsverhältnisse keine Rolle mehr spielen werden, weil sie durch die Dazwischenkunft des Geistes suspendiert wurden.

Kurz: Die neue Schöpfung ist prothetisch; sie hat jetzt schon begonnen und richtet sich in der Nachfolge Christi auf eine Vollendung, die noch aussteht.[109]

Paulus hat diesen intentionalen Bezug zur Welt, der den Christen die vollständige Umgestaltung der Schöpfung aufträgt, in einem grandiosen Satz formuliert: »Die Sehn-

σοῦς Χριστός, δι' οὗ τὰ πάντα καὶ ἡμεῖς δι' αὐτοῦ. »Ein Herr Jesus Christus, durch ihn [ist] alles und wir [sind] durch ihn.«

[107] 1 Kor 15,26.

[108] 2 Kor 5,17 u. Gal 6,15.

[109] Dazu und zum Folgenden siehe die deutlichen Formulierungen in Phil 3,10–16.

sucht der Schöpfung wartet bange auf die Offenbarung der Söhne Gottes.«[110] Will sagen: Nichts ist entschieden, aber alles drängt auf ein Ende hin, das wir sehnsüchtig und bange erwarten. Es ist kein Bangen aus Furcht, sondern ein Bangen in Hoffnung,[111] weil die Christen voller Vertrauen (πίστις) der Spur des Christus folgen, der, wie sie glauben, vor ihnen als »Erstgeborener von vielen Brüdern« und »Erstling der Entschlafenen«[112] den Weg bereits gegangen ist, der ihnen nun zu gehen obliegt. Sie gehen diesen Weg mit einem Leib, der kein irdischer (ψυχικός) mehr sein soll, sondern ein geistiger (πνευματικός), dessen Unverweslichkeit und Herrlichkeit zugleich die dynamische Kraft besitzt,[113] das zu realisieren, was sie in der Nachfolge Christi prothetisch als Ziel gesetzt haben: die Auferstehung der Toten in Christus, ein finales Ungeschehen-Machen des Todes, woraufhin Gott alles in allem sein wird.[114]

Die Unentscheidbarkeit des griechischen Genitiv plural παντῶν, der als Maskulinum (»alle«) oder als Neutrum (»alles«) gelesen werden kann, verkoppelt dabei die personal-menschliche Dimension der Umgestaltung der Schöpfung mit der nicht-menschlichen Dimension: »alles« und »alle« werden umgestaltet, weil die Menschen, die ihren sterblichen Leib lebendig zu machen beginnen, eben nicht nur sich selbst umgestalten, sondern in diesen Umgestaltungsprozeß leiblich handelnd die gesamte Schöpfung miteinbeziehen, die auf diese Weise aus ihrer »eitlen Vergeblichkeit« (ματαιότες) und »der Knechtschaft der

[110] Röm 8,19: ἡ γὰρ ἀποκαραδοκία τῆς κτίσεως τὴν ἀποκάλυψιν τῶν υἱῶν τοῦ θεοῦ ἀπεκδέχεται.
[111] Röm 8,24.
[112] Röm 8,29 u. 1 Kor 15,20.
[113] 1 Kor 15,42ff.
[114] 1 Kor 15,23–28.

Verwüstung« (τῆς δουλείας τῆς φθορᾶς) befreit wird.[115] Wo das geschieht, wird die Schöpfung allererst vollständig geboren, so daß Gottes Glanz (δόξα) sich über alles in Ewigkeit ausbreiten kann.[116]

In der Tat eine wunderbare Perspektive auf ein Ende, das kein Ende im Tod ist, sondern ein Ende als Anfang einer neuen Schöpfung. Die Brisanz dieser Konzeption wird deutlich, sobald wir uns daran erinnern, daß mythisches Bild und vernünftiger Logos an einer Statik des Seins interessiert sind, die keinen Platz läßt für das unvordenklich Neue, das wir als Menschen in unserem Handeln realisieren.

Anders Paulus. Indem er in der Prothesis die Vorgriffsstruktur unseres Handelns entdeckt, dynamisiert er das Sein in der Weise, daß es als Schöpfung erscheinen kann, an deren Gestaltung der Mensch arbeitet. Das heißt für Paulus nicht, die Schöpfung ins völlige Belieben der Menschen zu stellen; es heißt vielmehr, die Menschen darauf verpflichten, daß ihr Werk an der Schöpfung der Voraussetzung ihres Tuns eingedenk bleibt: daß sie etwas gestalten, was sie nicht selbst gemacht haben und das gerade darin Schöpfung ist, daß es uns zwar in einzelnen Werken (ποίημα), die wir bearbeiten können, zugänglich ist, nicht aber als Schöpfung insgesamt (κτίσις), die den umfassenden Raum des von Menschen Bewohnbaren markiert. Dieser Raum der Schöpfung ist nicht statisch, sondern dynamisch in der Weise, daß die Gestaltung der Schöpfung ein Ziel realisiert, das weder den Kreislauf von Leben und Sterben prolongiert noch den Untergang der Schöpfung heraufführt, sondern die Schöpfung befreit zu »Freiheit und Herrlichkeit der Kinder Gottes«.[117] Diese »Freiheit

115 Röm 8,20f.

116 Röm 11,36.

117 Röm 8,21.

und Herrlichkeit der Kinder Gottes« wäre ein Leben, das nicht mehr in sein Gegenteil zurückfallen müßte, sondern Leben bleiben könnte, weil es aus sich selbst immerzu nur Leben schafft: eine Zoopoiousis,[118] die die physischen Bedingungen des Lebens transzendiert, um die Menschen — und durch deren Tun die Schöpfung insgesamt — »nach dem Bild des Himmlischen« zu gestalten.[119]

4 Eschaton

Natürlich ist das alles ein Zukunftsentwurf,[120] der sich ob seiner atemberaubenden Steilheit immer noch fragen lassen muß, ob er unsere Welt nicht himmelweit verfehlt. Denn ist es nicht so, daß der Rückzug in das statische Gehäuse von Mythen oder auf das sichere Terrain wissenschaftlicher Gesetzgebung uns wenigstens einen Aufenthalt im Jetzt unserer so-seienden Welt nehmen läßt, während der prothetische Zukunftsentwurf, den das Christentum uns zumutet, uns mit der reichlich absurden Aufforderung zur Überwindung unseres sterblichen Leibes aus dieser Welt hinausführt?

Das war die Eingangsfrage zu diesem Kapitel, und die Antwort kann nun gegeben werden. Sie lautet: Das von Paulus verkündete Christentum führt keineswegs aus dieser Welt hinaus, sondern in diese Welt hinein. Freilich ist die Welt, in die uns der Apostel führen will, keine Welt des Immer-so-Seienden, das Mythos und Wissenschaft festschreiben, sondern eine dynamische Welt der Veränderung, die zielorientiert ist, ohne daß dieses Ziel freilich in substantieller Weise vorgegeben wäre. Was vorgegeben ist, ist vielmehr einzig dies: daß unser prothetisches Verhalten

118 Siehe Röm 4,17; 8,11; 1 Kor 15,45.
119 1 Kor 15,49.
120 Siehe ebd. das Futur φορέσομεν, »wir werden tragen«.

Freiheit realisiert, weil jede Prothesis, recht verstanden, auf einem freien Entwurf unserer selbst und unserer Welt basiert. Anders gesagt: Nur wenn sich Form und Inhalt unseres Weltbezugs unter dem Titel der »Freiheit« decken, bleiben wir orientiert auf jenen unbegründbaren Möglichkeitsraum, von dem wir herkommen und auf den wir zustreben und für den Paulus den Namen »Christus« gefunden hat.

Ein unmittelbarer Bezug zur Welt ist auf dieser Basis freilich nicht möglich. Das muß aber nur dann als Verlust verbucht werden, wenn man der Meinung ist, daß der polytheistische Kosmotheismus für eine »Weltbeheimatung« gesorgt habe, die durch das Christentum zerstört worden sei.[121] Nun ist aber die anfängliche Weltbeheimatung unterm Zeichen eines polytheistischen Kosmotheismus mehr als zweifelhaft,[122] so daß die Opposition von »symbiotischem Weltverhältnis« à la Kosmotheismus[123] und christlicher Unbehaustheit ins Leere läuft: der Mensch hat noch niemals in einem unmittelbaren Bezug zur Welt gelebt, durch den er das innerweltlich Vorhandene als erfüllte Fülle erfahren konnte; vielmehr war sein Weltbezug immerschon ein mittelbarer, so daß er genötigt war, sich in seinem Handeln entwerfend mit der Welt auseinanderzusetzen.

Das kann nun zweifellos so geschehen, daß man die Welt als einen abgeschlossenen und geordneten Kosmos imaginiert, in dem alles so ist, wie es ist, solange der Mensch durch sein sakrales Handeln dafür sorgt, daß alles so bleibt, wie es ist, bis man sich zuletzt in einer immerwährenden Gegenwart verkapselt, in der alles von alt-

121 So Assmann: *Moses der Ägypter*, S. 247 und Assmann: *Die Mosaische Unterscheidung*, S. 62–64.
122 Siehe oben S. 119 ff.
123 Assmann: *Die Mosaische Unterscheidung*, S. 63.

ehrwürdigem Alter ist (Ägypten). Oder man spricht den Veränderungen in der Welt jeden Seinsgehalt ab, um sich inmitten der scheinbaren Veränderungen kontemplierend zu einem Reich des Immerwährenden aufzuschwingen, von dem man hofft, es im Tod dann auch erreichen zu können (Griechenland). Oder man erkennt die Dynamik des historischen Geschehens mit all seinen Veränderungen zwar an, versucht aber, aus überlieferten Zeichen das Gesetz weiteren Handelns abzuleiten und unterwirft damit die Handlungsgegenwart und die noch ausstehende Zukunft dem Maßstab einer Überlieferung, von der nicht abgewichen werden darf (Israel).

Es kann aber auch so geschehen, daß man die Welt in ihrer defekten Fülle annimmt, um sie in einem prothetischen Entwurf umzugestalten. Dann kann man nicht mehr in einer unvordenklich alten Gegenwart, einem überzeitlich-unveränderlichen Sein oder dem Raum eines ewigen Gesetzes ankommen wollen, vielmehr muß man dann die Ankunft zu einer Sache der Zukunft machen, deren Konkretion von dem anhängt, was wir als Ziel uns voraussetzen. Das eben ist die Option des Christentums, das Paulus schaffen wollte. Es ist eine Option, die die Welt in der Schwäche ihrer defekten Fülle annimmt, um aus dieser Schwäche heraus die Kraft für eine Umgestaltung der Welt zu gewinnen, an deren Ende Gott alles in allem sein kann.

Nichts spricht dafür, daß es so sein wird: Es war noch niemals so; die Sache ist philosophisch gesehen absurd; und es gibt kein Gesetz, aus dessen Auslegung wir die Zukunft extrapolieren können. Es gibt nur den Glauben, daß Christus von den Toten auferweckt wurde, und es gibt nur die Hoffnung, daß wir, wenn wir an die uns vorausliegende Auferstehung Christi glauben, gerettet werden — gerettet einzig und allein in der Hoffnung, aus der heraus wir unser Handeln so Gestalt werden lassen, daß die Schöpfung eines Tages nicht mehr seufzen muß, wir das Bild des Himmlischen tragen und Gott endlich alles in allem ist.

Niemand, auch Paulus nicht, kann sagen, wann dieses Ende kommen wird. Und es ist auch irrelevant, diesen Zeitpunkt zu kennen.[124] Denn was zählt, ist einzig und allein die Umorientierung unseres Lebens, die mit dem Glauben an den Christus beginnt, so daß die Dimension dessen, was Paulus beharrlich »Fleisch« nennt, an Relevanz verliert, um durch die Dimension des Christus ersetzt zu werden, die die Dimension einer »neuen Schöpfung« ist.[125]

Diese neue Schöpfung steht aus, aber sie hat in Christus bereits begonnen, und sie wird durch uns, die Kinder Gottes, gestaltet werden. Das Äußerste und Letzte (ἔσχατον) der neuen Schöpfung ist daher nicht ein zeitlich ferner Augenblick, sondern ebender Christus, der längst schon »zu einem lebendigmachenden Geist« geworden ist.[126] Das Äußerste und Letzte ist die im Kreuz Christi »gekreuzigte Welt«.[127]

124 Natürlich spricht Paulus in 1 Thess 4,15–18 (und an wenigen anderen Stellen) so, als stünde das Ende noch zu seinen Lebzeiten bevor. Aber unmittelbar darauf schiebt er den Zeitpunkt des Endes ins Unbestimmte auf (5,1–3), um schließlich die Glaubenden zu ermahnen, daß Christus »für uns gestorben [ist], damit wir vereint mit ihm leben, ob wir nun wachen oder schlafen.« (5,10) Will sagen: die Gläubigen sind durch ihren Glauben in Christus bereits gestorben, so daß nicht nur die Frage des faktischen Todes, sondern auch die Frage, wann der Herr kommt, um uns und die Welt zu erlösen, irrelavant geworden ist.

125 2 Kor 5,17.

126 1 Kor 15,45.

127 Gal 6,14.

V Die andere Ökonomie

Die im Kreuz Christi gekreuzigte Welt. Damit zielt Paulus, wie wir gesehen haben, weder auf eine Welt christlicher Leibfeindschaft noch gar auf die gynäkophobe Welt einer rein männliche Ekklesia. Worauf der Apostel zielt, ist vielmehr eine neue Schöpfung, in der die lebenschaffende dynamische Kraft Gottes durch das Handeln der Menschen, die im Glauben selbst neue Schöpfung sind,[1] nicht nur die Wechselseitigkeit aller menschlichen Bezüge verwirklicht, sondern der Schöpfung selbst zur finalen Geburt verhilft.[2] Das ist natürlich nicht nur deshalb eine Zumutung, weil hier in der Tat eine kosmische Wende intendiert wird, deren Bedingung der Möglichkeit einzig im Glauben an den Christus liegen soll, es ist auch deshalb eine Zumutung, weil im Zentrum dieses Glaubens der Tod und die Wiederauferstehung des Messias steht,[3] dessen Tod Paulus als »Gehorsam« gegen Gott auslegt, in welchem Gehorsam Christus unsere Sünden dadurch gesühnt habe, daß er selbst zur Sünde und zum Fluch wurde.[4]

Man hat oft argumentiert, das hier sichtbar werdende Verständnis von Christi Tod könne seinerseits nur verstanden werden, wenn man es auf das kultische Opfergeschehen im Jerusalemer Tempel beziehe, das einen Sühnevorgang bezeichne. Dafür scheint jene singuläre, wohl der jungen christlichen Tradition entnommene, in jedem Fall

[1] 2 Kor 5,17; Gal 6,15.
[2] Röm 8,13–22.
[3] 1 Kor 15,3f. u. 15,13f.
[4] Röm 5,19; 8,3; Gal 3,13; 2 Kor 5,21.

aber gewichtige und schwierige Passage im Römerbrief zu sprechen, da Paulus in einem sehr bedeutsamen Signalwort den Tod Christi tatsächlich auf die Kulthandlung bezieht, die im Jerusalemer Tempel am Großen Versöhnungstag (Jom Kippur) vollzogen wurde: Jesus Christus, heißt es dort (Röm 3,25), sei von Gott als ein »Hilasterion« voraus-gesetzt worden, und zwar so, daß durch den Glauben in seinem Blut die Gerechtigkeit Gottes aufgewiesen werde, indem er die vorher begangenen Sünden erlasse.

Tatsächlich ist »Hilasterion« (ἱλαστήριον) in der Septuaginta der Terminus technicus für die Deckplatte der Bundeslade, die »Kapporet« der Thora, die am Jom Kippur eine bedeutende Rolle spielt.[5] An diesem Tag wurde, bevor ein Bock durch Handauflegen mit den Sünden Israels beladen und als Sündenbock in die Wüste geschickt wurde, vom Hohepriester im Allerheiligsten Blut von Opfertieren sowohl an die Kapporet als auch vor die Kapporet auf den Boden gesprengt und damit Sühne vollzogen.[6] Wenn Paulus daher den Terminus »Hilasterion« aufruft, um zu erläutern, was in Tod und Auferstehung Christi geschieht, dann bezeichnet er Christus nicht einfach im allgemeinen als ein »Sühnemittel« (neben dem es noch andere geben mag), sondern sehr konkret als Kapporet, so daß es nahezuliegen scheint, die Bedeutung des Todes Christi aus der Ritualfunktion der Kapporet abzuleiten.

Nun hat man freilich schon oft bemerkt, daß Paulus den alttestamentlichen Kontext, den er mit dem Hilasterion aufruft, im Moment seines Aufrufens durchstreicht.

[5] Siehe Lev 16.

[6] Zum religionsgeschichtlichen Hintergrund siehe Rendtorff: *Studien zur Geschichte des Opfers im alten Israel*, Janowski: *Sühne als Heilsgeschehen* und den Kommentar von Gerstenberger: *Das dritte Buch Mose. Leviticus*, S. 194 ff.

Denn wenn Christus die Kapporet ist, an die das Blut des Opfers gesprengt wird, und wenn er zugleich das Opfer ist, dessen Blut an die Kapporet gesprengt wird, dann ist damit der ursprüngliche Vorstellungsraum, wie er durch die Kulthandlung am Jom Kippur gesetzt ist, durch ein geradezu grotesk überdeterminiertes Bild ersetzt. Paulus würde dann nämlich nichts anderes sagen, als daß Christi Blut an Christus selbst gesprengt werde. Wie ließe sich das aber noch mit dem ursprünglichen Kontext des kultischen Sühnevorgangs vermitteln?

1 Opfer

Wir wollen eine Antwort auf diese Frage dadurch versuchen, daß wir die beiden Elemente, durch die Paulus in seiner komplexen Bildkonstruktion eine Verbindung zum Jom Kippur herstellt, etwas genauer betrachten. Diese Elemente sind: Christus als das Hilasterion und Christi Blut als das Blut des Opfers.

Das Hilasterion bzw. die Kapporet ist im Judentum der Ort, über dem Gott während des Ritus des Großen Versöhnungstages als eine Wolke erscheint[7] und sich zu erkennen gibt.[8] Dabei wird die äußerliche und vergegenständlichende Inklusionslogik, nach der sich *im* heiligen Land *in* Jerusalem als der heiligen Stadt *im* Tempel das Allerheiligste befindet, *in* dem die Bundeslade steht, *in* der die Bundesurkunde zwischen Gott und seinem Volk deponiert ist, zwar dadurch durchbrochen, daß Gott selbst außerhalb dieser Inklusionslogik und ihrer Vergegenständlichungen steht — er erscheint »über« der Kapporet als ungegenständliche Wolke, die dem Priester obendrein durch

[7] Lev 16,2.
[8] Ex 25,22.

den Rauch von Räucherwerk verborgen bleiben muß[9] —, aber trotz dieser Durchbrechung der Inklusionslogik bleibt die Kapporet in ihrer Funktion als Ort der Theophanie erhalten: hier, an diesem Ort und keinem andern, erscheint Gott. Mehr noch: hier und nur hier *wohnt* er »mitten unter den Israeliten und [ist] ihnen Gott«, nämlich genau jener Gott, »der sie aus Ägypten herausgeführt hat, um in ihrer Mitte zu wohnen.«[10] Es ist daher konsequent, daß das Allerheiligste als »Haus der Kapporet« bezeichnet wird,[11] denn der Tempel als Wohnstätte Gottes fokussiert auf die Kapporet als dem konkreten Ort seines Erscheinens.[12]

Das zweite Element des von Paulus aufgerufenen komplexen Bildes ist das Blut des Opfers, das an und vor die Kapporet gesprengt wurde. Was damit intendiert ist, macht eine Passage im Buch Leviticus deutlich, die ausführt, daß im Blut die Lebenskraft des Fleisches sitze und ebendieses Blut den Menschen gegeben wurde, »damit ihr auf dem Altar für euer Leben die Sühne vollzieht; denn das Blut ist es, das für ein Leben sühnt.«[13]

An dieser Stelle kann man natürlich eine Theorie wie die von René Girard ins Spiel bringen, die uns erklärt, daß es hier und andernorts im Grunde um die Ableitung der mit dem Begehren der Menschen verbundenen Aggression gehe, wobei ein anfangs tatsächlich menschlicher und später durch ein Tier ersetzter »Sündenbock« als Ursache der gemeinschaftsstörenden Aggression ausgemacht werde und seine Opferung die Elimination der Aggression

[9] Lev 16,13.
[10] Ex 29,45f.
[11] 1 Chr 28,11.
[12] Mag Gott daher auch an anderen Orten, an denen ihm geopfert wird, kommen und den Opfernden segnen (Ex 20,24), es bleibt dabei, daß er nur im Allerheiligsten des Tempels wohnt.
[13] Lev 17,11.

darstelle, welcher »Gründungsmord« dann in ritualisierte Form gebracht werde und die Bedingung der Möglichkeit für menschliche Gemeinschaft darstelle.[14] Oder man rekurriert auf eine Theorie wie die von Walter Burkert, die in dem gemeinsamen Jagen und Töten der urmenschlichen Jagdverbände und dem sich anschließenden gemeinschaftlichen Verspeisen der Beute das Modell für das sieht, was nach dem Durchlaufen eines Ritualisierungsprozesses als das »Heilige« erscheint.[15]

Eine solche anthropologisch und ethnologisch interessierte Lektüre liest freilich am Text vorbei, dem es weder in der Girardschen noch in der Burkertschen Variante um Aggression zu tun ist, der vielmehr »Entsühnung« als »Reinigung von den Sünden« versteht,[16] die sich durch das am Großen Versöhnungstag vollzogene Ritual auf den Altar, das Heiligtum, den Priester und endlich ganz Israel erstreckt[17] und damit auf die Bedingung abzielt, die insgesamt erfüllt sein muß, wenn Gott unter den Israeliten wohnen und mit ihm Gemeinschaft herrschen können soll: Gott kann nur in einem von Sünden reinen Israel wohnen, so daß nur dann, wenn Israel sich selbst heiligt, es eine Gemeinschaft mit dem Heiligen geben kann.[18]

Wenn man daher das am Jom Kippur vollzogene Ritual so versteht, daß es eine Antwort auf die Frage gibt, wie der Mensch mit Gott Gemeinschaft haben kann und wie die Präsenz Gottes unter den Menschen und der Menschen

[14] Girard: *Das Heilige und die Gewalt* und Girard: *Ich sah den Satan ...* (dort S. 122 der Terminus »Gründungsmord«).

[15] Burkert: *Homo necans*.

[16] Lev 16,30.

[17] Lev 16,33f.

[18] Zur aktuellen Diskussion des Opfer-Problems siehe Janowski/Welker: *Opfer* und darin zu unserem Kontext vor allem die Beiträge von Alfred Marx und Rolf Rendtorff, denen meine Ausführungen verpflichtet sind.

unter Gott zu denken ist, dann wird deutlich, was Paulus mit seiner Anspielung bezweckt: Indem er Christus an die Stelle von Kapporet/Hilasterion und Opferblut setzt, wird Christus nicht nur zum Ort der Anwesenheit Gottes, sondern in ihm selbst (in seinem Blut und damit in seiner Lebenskraft) ist die Bedingung für die Anwesenheit Gottes erfüllt, und zwar so, daß diese Bedingung nicht mehr in jährlich wiederkehrendem Ritual neu erfüllt werden muß, sondern so, daß diese Bedingung nun ein für allemal erfüllt ist und ebendieser Sachverhalt uns vor-gesetzt wurde.

Sicherlich hat dieser Akt des Vor-Setzens auch die Komponente eines öffentlichen Zur-Schau-Stellens,[19] aber seine eigentliche Pointe entfaltet er erst, wenn man ihn von jenem Horizont her versteht, der durch die Prothesis[20] gegeben ist: daß wir, sofern wir die Boschaft hören und von ihr berufen werden, uns daraufhin orientieren, daß wir den Anspruch, dem Bild des Sohnes Gottes gleichgestaltet zu werden, zum Maßstab unseres Handelns machen. Das aber heißt, das Geschick der Welt nicht an einen Ritus zu binden, der immer und mit Notwendigkeit so ablaufen muß, wie er abläuft, um den Gang der Welt zu erhalten; es heißt vielmehr, das Geschick der Welt von einem Glauben abhängig zu machen, der das, was er glaubt und darin zur Voraussetzung seines Handelns macht, in seinem Handeln verwirklicht und also Gestalt werden läßt.

Genau dieses Gestalten der Welt unter dem Zeichen des Christus macht Christus allererst öffentlich sichtbar, denn immer dann, wenn es uns gelingt, in unserem Handeln ein Stück von dem, was wir im Handeln voraussetzen (also Christus), zu verwirklichen, zeigt sich dieses verwirklichte Stück Christi der Welt und wird ein Teil von

[19] So Wilckens: *Der Brief an die Römer*, Bd. 1, S. 192.
[20] Siehe oben Kap. 2.

ihr.[21] Und weil das überall geschehen kann, wo man an Christus glaubt, kann der christliche Glaube universal werden und auf eine lokale Zentrierung in Heiligtum und Allerheiligstem und Kapporet verzichten: Gott wohnt von jetzt an dort, wo an ihn geglaubt wird, nämlich »in« den Gläubigen;[22] aber dieses »in« verkehrt die äußerliche und vergegenständlichende Inklusionslogik des Ritus zur Extensionslogik einer Neuschöpfung des Menschen und der Welt,[23] an deren Ende das »Gott alles in allem« steht.

Man versteht die paulinische Rede vom »Opfer« also nur dann zureichend, wenn man sie als Dementi von Opferdiskurs und -praxis begreift.[24] Im Zentrum dieses Dementis steht die Ablösung des Tempelkults und mit ihm des Opferritus überhaupt durch das Kreuz, das auf den »Gehorsam« Christi fokussiert. Dieser Gehorsam Christi ist ein vollkommenes Hören auf Gott, in dem das eigene Begehren keine Rolle mehr spielt und ausschließlich der Wille Gottes geschieht. Daher ist der Tod Christi nicht Resultat des Tuns (actio) eines Menschen namens Jesus, sondern erlittener Gehorsam des Christus (passio), der den Willen Gottes erfüllt. Darin negiert er die »Sünde«, also jenen Bereich unserer Welt, der dadurch entsteht und an dynamischer Kraft gewinnt, daß wir eben *nicht* tun, was Gott von uns fordert; und das heißt: daß wir in unserem Tun nicht darauf achten, wie sehr wir von einem Anderen abhängen, der nicht nur der uns in der Welt begegnen-

[21] Diese Interpretation holt damit den doppelten Sinn ein, den das griechische προτίθεσθαι in Röm 3,25 haben kann: »einen Vorsatz fassen« und »öffentlich zur Schau stellen«. Siehe dazu Michel: *Der Brief an die Römer*, S. 107 Text u. ebd. Anm. 1.

[22] Röm 8,8–11.

[23] 2 Kor 5,17.

[24] Das bestätigt auch die Analyse der Semantik, mit der Paulus hier arbeitet. Siehe ausführlich Breytenbach: *Versöhnung* und komprimiert Breytenbach: *Versöhnung, Stellvertretung und Sühne*.

de andere Mensch ist, sondern auch der uns Christus voraus-setzende Gott. Wenn »Tod« die Metapher für das Nichttun des göttlichen Willens ist und wenn unser realer Tod das Resultat dieses perennierenden Nichttuns ist, dann ist freilich Christi Auferstehung die Negation des Todes und damit der Sünde, aus der der Tod folgt.[25]

Wenn wir nach dem Hören der Botschaft und von dem Augenblick an, da wir in unserem Tun der Botschaft zu entsprechen beginnen, ein Opfer zu bringen haben, dann kann das also kein echtes Opfer mehr sein, sondern nur noch ein metaphorisches, aber ein metaphorisches, das ernst gemeint ist: Wir, die wir glauben, sollen uns selbst als ein lebendiges und heiliges Opfer Gott darbringen.[26] Was eben nicht heißt, uns selbst aus dem Leben zu schaffen, sondern ganz im Gegenteil heißt, daß wir leben sollen, aber in vollkommen neuer Weise: durch die Botschaft, die wir gehört haben und durch die wir berufen wurden, sind wir verwandelt worden,[27] indem von nun an all unserem Tun Christus voraus-gesetzt ist, und mit dieser Voraus-Setzung transformieren wir in unserem leiblichen Handeln auch unseren Leib, bis dieser so umgestaltet ist, daß er Gott zu Glanz und Ansehen bringt.[28] Genau darauf zielt Paulus, wenn er den Philippern schreibt, wie dank des öffentlichen und freimütigen Bekenntnisses zu Christus, in dem sich das Bekennen durch Worte mit dem Bekennen durch Taten verschränkt, Christus im Leib des Glaubenden stark und mächtig wird.[29] Freilich: es ist der gekreuzigte Christus, um den es geht, so daß das Mächtigwerden, das hier statt hat, den Glaubenden weder mit

25 Röm 8,3; 2 Kor 5,21.
26 Röm 12,1.
27 Röm 12,2.
28 Das δοξάσατε in 1 Kor 6,20.
29 Phil 1,20.

einem schöneren noch mit einem gesünderen oder genetisch teilverbesserten Körper ausstattet, sondern den Glaubenden in dem Moment, da er in seinem Handeln mit dem Nachvollzug des voraus-gesetzten Christus beginnt, selbst gekreuzigt hat.[30] Wenn daher vom Augenblick der Berufung an der Christus in uns wohnt und lebt,[31] dann sind wir gerettet, aber es ist eine Rettung, die bedeutet, daß wir uns opfern und in diesem Opfer umgestalten.

2 Hingabe

Wenn Paulus Tod und Auferstehung des Messias nicht vom kultischen Opfer im Jerusalemer Tempels her versteht, müssen wir uns nach einer Alternative umsehen. Diese zeigt sich gleich zu Beginn des Römerbriefs, wenn Paulus unter dem Stichwort »Zorn Gottes« herausarbeitet, wie die Logik des falschen Tauschs dazu führt, daß wir dem Begehren hingegeben sind und mit dem Begehren dem Tod.[32] Immer dann nämlich, so argumentiert der Apostel, wenn wir den Kosmos nicht in seiner Abhängigkeit von der Transzendenz her begreifen, sondern ihn rein immanent zu verstehen versuchen, sind wir einer Verweisungskette zu folgen genötigt, die innerweltlich sich ins Unendliche verläuft: daß Welt ist, kann man dann auf diese oder jene innerkosmischen Götter mit anthropo- oder theriomorpher Gestalt zurückführen, an deren Stelle jederzeit auch ein anderes Innerweltliches treten kann.

Ebendas aber, daß Innerweltliches jederzeit durch anderes Innerweltliches ausgetauscht werden kann, wir aber zugleich beanspruchen, mit solch Innerweltlichem den Bestand des Kosmos erklären zu können, ist der mensch-

[30] Gal 2,19.
[31] Gal 2,20.
[32] Röm 1,18–32.

lichen Struktur des Begehrens homolog, das, indem es etwas haben will, ebendieses Etwas nicht so sein läßt, wie es von sich aus ist, sondern immer auf ein anderes bezieht, das an seine Stelle treten soll. Darin entwertet und verbraucht das Begehren zuletzt aber alles Innerweltliche, denn es ist niemals an dem interessiert, was es hat, sondern immer nur an dem, was an seine Stelle treten könnte, so daß es immerfort eins gegen ein anderes tauscht und diesen Tausch niemals auf Dauer stellen kann, weil es nach erfolgtem Tausch sofort auf das nächste schielt, das die Stelle des gerade Getauschten einnehmen könnte. D. h. alles Getauschte ist nichts weiter als ein transitorisches Moment des Begehrens, das immer anderes will und niemals aufhört, anderes zu wollen.

Diese im Begehren liegende verbrauchende Entwertung des Innerweltlichen identifiziert Paulus mit dem Tod, der ihm insgesamt das Zeichen des Innerweltlichen ist: daß nichts so sein kann, wie es von sich aus ist, daß alles auf alles bezogen werden und mit ihm ausgetauscht werden kann, daß wir zuletzt nur in funktionalen Äquivalenzen zu denken und zu handeln vermögen und darin alles, was uns als Geschöpf begegnet, funktional verschleißen — das eben markiert den Raum unserer Welt, in dem der Tod als »Zorn Gottes« seit je herrscht. So sind wir denn einer Welt hingegeben,[33] in der wir dank unseres Begehrens und dank unserer untauglichen Vernunft (ἀδόκιμος νοῦς)[34] immer weiter an dem arbeiten, was den Zorn Gottes und also den Tod am Leben erhält.

Wer das überwinden will, muß die Hingabe an die weltlich-immanenten Tauschvorgänge und das mit ihnen verbundene Begehren überwinden und sich auf jenen einzig-wahren Tausch orientieren, der die Ebene der Im-

[33] Siehe das leitmotivische παρέδωκεν in Röm 1,24.26.28.
[34] Röm 1,28.

manenz übersteigt und zur Transzendenz führt und darin kein Tausch mehr ist, wie wir ihn kennen. Die Transzendenz ist nämlich zunächst etwas, das sich, weil man es nicht »haben« kann, dem Begehren und damit der unendlichen Kette funktionaler Äquivalenzen entzieht.[35] Daß wir dennoch an der Transzendenz partizipieren können, ist folglich nicht Effekt dessen, was wir wollen, sondern verdankt sich der Aufmerksamkeit auf eine Verweisung, in der freilich nichts sichtbar werden kann, was wir aus dem Kontext unserer Welt bereits kennen: das, was von Gott phänomenal sichtbar ist, ist einzig dies, daß er selbst phänomenal unsichtbar ist,[36] so daß die Annahme, dieses Unsichtbare sei tragender Grund der Schöpfung, zunächst eben das ist, was sie ist: eine Annahme.

Ob die Annahme aber mehr ist als eine Annahme, hängt davon ab, inwiefern die Verweisung von der Immanenz zur Transzendenz ins Leere läuft oder nicht; läuft sie ins Leere, zeigt sich die Welt als der zufällige und unbegreifliche Umschlag des Nichts ins Etwas; läuft sie nicht ins Leere, zeigt sich die Welt als Schöpfung eines Gottes, der sie seit je dynamisch trägt.[37] Da es keinen innerweltlichen Grund gibt, der die Laufrichtung der Verweisung bestimmen könnte, bleibt nichts anderes übrig, als die Laufrichtung der Verweisung von ebender Transzendenz abhängig zu machen, auf die sie verweist. Das aber heißt: Ob die Schöpfung sich uns als Schöpfung Gottes enthüllt, hängt einzig und allein davon ab, ob sich Gott von sich aus in der Schöpfung zeigt; nicht als ein phänomenal aufweisbares Wesen, sondern im Sinne der Verweisung von

[35] Gott ist daher kein Medium, das in andere Medien konvertiert werden könnte. Wer es versucht, kann es (wie Hörisch: *Gott, Geld, Medien*) nur auf der Ebene des Metaphernspiels tun.

[36] Röm 1,19f.

[37] Das ist die ἀίδιος δύναμις καὶ θειότες in Röm 1,20.

der Immanenz zur Transzendenz; und so, daß diese Verweisung sich als Negation unseres Begehrens und damit des Todes zeigt, der der »Zorn Gottes« ist.

Für Paulus steht fest, daß Christus genau diese Verweisung ist: Er hat in seinem Gehorsam bis in den Tod das Begehren negiert, so daß kein Unterschied ist zwischen dem, was er wollte, und dem, was Gott wollte; indem Gott ihn »hingab«, hat er sich selbst hingegeben.[38] Diese Hingabe aber ist der Anfang eines schenkenden Gebens (χάρις, χάρισμα), das ohne Bedingungen erfolgt, gerade auch ohne jene ritualisierten Randbedingungen, die im Opfer ein Kommen Gottes nicht nur ermöglichen, sondern oft sogar erzwingen wollen. Vielmehr ist Christus das allererste den Menschen bedingungslos gegebene Geschenk, das auf das Ziel allen Schenkens hinweist: daß dereinst *alles* geschenkt werde. Würde das geschehen, rückte die Welt insgesamt aus jener Sphäre, in der alle Dinge und Wesen nur tauschbare Objekte des Begehrens sind, in jene ganz andere Sphäre, in der an die Stelle des Begehrens die Hingabe (παράδοσις) tritt, mit der wir alles empfangen können, um alles so sein zu lassen, wie es von sich aus ist.

Dieses höchste und umfassendste Alles (τὰ πάντα), das uns geschenkt wird,[39] ist aber die Liebe Gottes, die keinen göttlichen Affekt meint, sondern die Kehrseite seines Zorns: ein Leben, das sich im Verbrauch nicht entwerten muß, sondern, indem es an der lebenschaffenden dynamischen Kraft Gottes teil hat, uns in die Position der Kinder Gottes bringt, die Christus genau darin beerben dürfen, daß sie mit ihm »verherrlicht« werden, will sagen: mit ihm in jene Zone gelangen, da Gottes Glanz vollkommen leuchtend und damit für alle sichtbar geworden ist.[40] Kurz:

[38] Röm 4,25 u. 8,32; Gal 1,4 u. 2,20.
[39] Röm 8,32.
[40] Röm 8,14–30.

Wenn wir »alles« gewinnen, dann gewinnen wir Gott, der am Ende »alles in allem« sein wird.

3 Tausch

Was Paulus hier intendiert, muß man einen theologischen Umsturz nennen. Daß wir in Gott alles und alles in Gott gewinnen, ist nämlich nur möglich dank des Christus, der selbst zu Sünde und Fluch wurde.[41] Das reicht weit über die Hingabe hinaus, in der aufgrund eines absoluten Gehorsams der Wille Christi und der Wille Gottes identisch sind. Das reicht bis zu einem Gott, der sich in Sünde und Fluch in einer vollkommen ungöttlichen Weise zu erkennen gibt.

Natürlich kann das nicht heißen, daß Christus selbst gesündigt hat. Das hat er nicht,[42] denn sein absoluter Gehorsam gegen Gott schließt ein Gott negierendes (Tausch-)Handeln des Menschen aus, das Paulus mit Sünde und Tod identifiziert.[43] Vielmehr soll es heißen, daß Christus durch seinen Tod an ebenjener irdischen Sphäre partizipiert, in der es durch die seit Adam immer wiederholte adamitische Tat zu einer Verschränkung von Sünde und Tod gekommen ist. Christus ist also, wir wissen es, nicht durch sein Tun (actio), sondern alleine durch sein gehorsames Leiden bis in den Tod (passio) eben durch diesen Tod und nur durch diesen Tod zum Sünder geworden. Mehr noch: Wenn der Tod am Kreuz nicht nur die Todesart für Verbrecher ist, sondern, aus der Perspektive eines rituellen Verständnisses von Religion, das ganze Land unrein macht und deshalb als Fluch betrachtet werden muß,[44] dann ist

[41] 2 Kor 5,21; Gal 3,13.
[42] 2 Kor 5,21.
[43] 1 Kor 15,56; Röm 5,21.
[44] Dtn 21,22f.

der Tod Christi genau jener verunreinigende Fluch, der mit dem Verbrecher das ganze Land trifft.

Man muß diesen Weg ganz bis zu seinem Ende gehen, um die paulinische Absicht zu begreifen: Was wir in Christi Hingabe von Gott erfahren, zeigt einen tiefen Fall Gottes an, der dem Fall des Menschen entspricht. Will sagen: Wir haben es mit einem Gott zu tun, der im landläufigen Sinn gar nicht mehr als Gott firmieren kann, weil er von seinem Gott-Sein abläßt und sich als Gott vollständig entäußert,[45] um statt einer göttlichen eine sklavische Existenz zu führen und am Ende als Verbrecher einen verfluchten Tod zu sterben. Das ist für Paulus keine bloße dialektische Negation des Gott-Seins, es ist für ihn eine »Entleerung« Gottes (κένωσις) in die Welt, durch die die Welt freilich nicht weiter fluchwürdig verunreinigt wird, sondern eine ungeheure Er-Füllung (πλήρωσις) erfährt. Denn der schwache Gott, dessen weltliche Schwäche bis in den Tod reicht, tauscht im Akt des fluchwürdigen Todes und damit des Durchgangs durch die Sünde seine Position als Gott mit der Position der Welt und erfüllt auf diese Weise die Welt mit seinem Gott-Sein, wie umgekehrt das Gott-Sein sich vollkommen mit der Welt, ihrer Sünde und ihrem Tod, füllt.

Das Medium dieses Tauschs aber ist Christus. Das bedeutet erstens, daß der Tausch nicht in der Hand des Menschen liegt, sondern von Gott den Menschen als Geschenk angeboten wird, indem er den Christus schickt. Zweitens bedeutet es, daß bei diesem Tausch die Menschen in Christus nichts erhalten, was ihnen zur Realisierung von Gewinnabsichten oder zur Befriedigung eines Begehrens dienlich sein könnte. Denn wer das Geschenk Christi annimmt, nimmt die völlige Sistierung seines Begehrens an und orientiert sich fortan nicht mehr auf die Akkumulati-

[45] Phil 2,6f.

on weltlicher Güter, sondern darauf, Gott Frucht zu bringen.[46] Drittens heißt das, daß der Tausch nun nicht mehr an Lokalitäten gebunden ist, sondern universal überall dort stattfinden kann, wo das Geschenk Christi angenommen wird. Damit verbindet sich freilich der apostolische und missionarische Auftrag, das Geschenk auch überall anzubieten.[47] Und viertens heißt das, daß in derselben Weise, wie Christus bei diesem Tausch seine göttliche Gestalt (μορφή) aufgab,[48] der Mensch seine Gestalt verwandelt und gleichsam Christus als Kleid anlegt, um damit wie Christus ein »Kind Gottes« zu werden.[49]

Paulus bringt die Struktur dieses Tauschs auf den Begriff der »Katallage« (καταλλαγή), was in der Vulgata mit reconciliatio und im Deutschen zumeist mit »Versöhnung« übersetzt wird. Tatsächlich meint καταλλαγή aber ganz wörtlich einen Tausch (ἀλλαγή), der »von oben herab« (κατά) erfolgt und sich zugleich auf ein Gegenüber (κατά) orientiert.[50]

Damit hat Paulus nicht nur präzise gefaßt, um was es bei diesem einzig wahren Tausch eigentlich geht. Er hat darüber hinaus festgehalten, daß jeder Versuch einer Versöhnung streitender Parteien davon abhängt, ob die Position der Streitenden von einem Dritten aus überwunden werden kann.[51] Dieses Dritte kann aber nur dann nicht selbst wiederum Partei sein, wenn es seine Position jenseits der Welt der streitenden Parteien — jenseits ihrer

[46] Röm 7,4; ähnlich 1 Thess 3,12.

[47] Röm 15,19–21. Zum Historischen siehe immer noch Harnack: *Die Mission und Ausbreitung des Christentums*.

[48] Phil 2,6.

[49] Röm 12,2; 13,14 u. 8,16.21.

[50] Siehe die erhellenden Bemerkungen bei Przywara: *Logos*, S. 121 ff.

[51] Hier ist auch der Hinweis von Breytenbach zu beachten, daß die καταλλαγή-Terminologie aus der politisch-diplomatischen Sphäre stammt. Breytenbach: *Versöhnung*, S. 62 f.

Begehrlichkeiten und Neidereien, jenseits ihres Hasses und ihrer Gewalt — findet, um von diesem Jenseits aus die Möglichkeit zu eröffnen, an Stelle antagonistischer Gegensätze die Struktur einer Wechselseitigkeit aufzubauen, die uns am Ende mit der Welt und Gott versöhnt.

Der Motor dieser Wechselseitigkeit ist die Liebe, die eben nur dann gefunden werden kann, wenn wir nicht mehr unserem antagonistischen Begehren folgen und also auf den falschen Tausch weltlicher Dinge spekulieren, sondern unser Tauschbegehren sistieren, um in der wechselseitigen Orientierung auf den Anderen in der Nachfolge Christi zu leben. Damit aber gilt: Die Katallage ist die Form, in der sich die Agape vollzieht. Und wiederum gilt: die Agape ist der einzige Inhalt, der die Struktur der Katallage so zu füllen in der Lage ist, daß diese Struktur nicht zerstört wird. Wo das gelingt, wo die Form der Katallage mit dem Inhalt der Liebe gefüllt wird, verwirklicht sich Freiheit. Ob es dazu kommt, hängt freilich daran, daß wir in den Wirkbereich jenes Ereignisses geraten, das wir in seiner weltlichen Unbeweisbarkeit nur bekennen können, um in diesem Bekennen einen neuen Anfang zu setzen. Dieses Ereignis ist der Christus, sein Tod und seine Auferstehung.

Damit läßt sich die Form der Katallage als Kreuz anschreiben, in dem sich die horizontale Linie der tauschenden Wechselseitigkeit zwischen Menschen mit der vertikalen Linie des kenotisch-plerotischen Tauschs zwischen Gott und Mensch/Welt in Christus trifft: Er ist das X, in dem nicht nur das Ich sich als Du und das Du sich als Ich zeigen soll, sondern in dem Gott sich als Mensch und der Mensch sich als Gott enthüllen kann. Das eine ist ohne das andere nicht zu haben, das Du nicht ohne Gott und Gott nicht ohne das Du, und beide kann man nur dann haben, wenn sie sich in einem X treffen, das als Christus bekannt werden muß und ein Ereignis markiert, das dem Bekennen vorausliegt.

Damit ist jeder Selbstermächtigung des Bekennenden der Boden entzogen. Der Bekennende kann das Ereignis nämlich nicht so oder anders bekennen, sondern bleibt in seinem Bekennen an das vor allem Bekennen liegende Ereignis gebunden, von dessen dynamischer Kraft er lebt, um diese dynamische Kraft in der Botschaft weiterzugeben. Das Bekenntnis drängt folglich zu einem »Dienst am Tausch« (διακονία τῆς καταλλαγῆς), der nichts anderes sein kann als die Verkündigung des »Wortes vom Tausch« (λόγον τῆς καταλλαγῆς),[52] das allen weltlichen Tausch übersteigt und in diesem Überstieg etwas zu begründen versucht, was noch nie da war: ein Verhältnis der Menschen zueinander, das kein ökonomisches Verhältnis mehr ist, in dem Menschen und Welt verbraucht werden, sondern ein Verhältnis, das jeden einzelnen und alle Welt das sein läßt, was sie von sich aus sind, für alle Zeit.

Das wäre freilich eine Ökonomie jenseits unseres Begriffs von Ökonomie: eine Ordnung der Welt, in der wir für immer Kinder Gottes sein könnten und die Welt unsere unverlierbare Heimat wäre. Diese Heimat steht aus, aber dank der von Paulus verkündeten Botschaft kennen wir den Weg dorthin. Er führt über eine Ökonomie der Botschaft, die den einzig wahren Tausch bekennt und daher als Wort vom Tausch der einzig wahre Dienst am Wort (λογικὴ λατρεία) ist.[53] Wo dieser Dienst auf fruchtbaren Boden fällt, wird uns ein »Bau von Gott« möglich, ein »ewiges Haus in den Himmeln.«[54]

[52] 2 Kor 5,18f.

[53] Röm 12,1.

[54] 2 Kor 5,1.

Literaturverzeichnis

Agamben, Giorgio: *Die Zeit, die bleibt. Ein Kommentar zum Römerbrief*. Frankfurt am Main: Suhrkamp, 2006.

Angehrn, Emil: *Die Überwindung des Chaos. Zur Philosophie des Mythos*. Frankfurt am Main: Suhrkamp, 1996.

Arendt, Hannah: *Vita activa oder vom tätigen Leben*. 9. Aufl. München, Zürich: Piper, 1997.

—— *Vom Leben des Geistes. Das Denken. Das Wollen*. München, Zürich: Piper, 1998.

Aristoteles: *Politica*. Oxford: Clarendon, 1957 (zitiert: *Politik*).

—— *Physik. Vorlesung über Natur.* Erster Halbbd.: Bücher I–IV. Griechisch–Deutsch. Hamburg: Meiner, 1987.

—— *Metaphysik*. Griechisch-Deutsch. 2 Bde. Hrsg. von Horst Seidel. 3., verb. Aufl. Hamburg: Meiner, 1989–1991.

—— *The Nichomachean Ethics.* With an English translation by H. Rackham. Cambridge, Mass., London: Harvard, 1994 (zitiert: *Eth. Nic.*).

—— Zweite Analytik. In: Aristoteles: *Erste Analytik. Zweite Analytik.* Hrsg., übers., mit Einl. u. Anm. versehen von Hans Günter Zekl. Hamburg: Meiner, 1998, S. 310–523 (zitiert: *Analytica posteriora*).

Assmann, Jan: *Moses der Ägypter*. München, Wien: Hanser, 1998.

—— *Die Mosaische Unterscheidung oder der Preis des Monotheismus*. München, Wien: Hanser, 2003.

Badiou, Alain: *Paulus. Die Begründung des Universalismus*. München: sequenzia, 2002.

Barthes, Roland: *S/Z*. Frankfurt am Main: Suhrkamp, 1976.

Betti, Emilio: *Die Hermeneutik als allgemeine Methodik der Geisteswissenschaften*. 2., durchges. Aufl. Tübingen: Mohr, 1972.

Blumenberg, Hans: *Arbeit am Mythos*. Frankfurt am Main: Suhrkamp, 1979.

Böhme, Hartmut / Böhme, Gernot: *Das Andere der Vernunft. Zur Entwicklung von Rationalitätsstrukturen am Beispiel Kants*. Frankfurt am Main: Suhrkamp, 1983.

Bousset, Wilhelm: *Kyrios Christos. Geschichte des Christusglaubens von den Anfängen des Christentums bis Irenaeus*. 6. Aufl. Göttingen: Vandenhoeck & Ruprecht, 1967.

Breytenbach, Cilliers: *Versöhnung. Eine Studie zur paulinischen Soteriologie*. Neukirchen-Vluyn: Neukirchener Verlag, 1989.

—— Versöhnung, Stellvertretung und Sühne. Semantische und traditionsgeschichtliche Bemerkungen am Beispiel der paulinischen Briefe. In: *New Testament Studies* 39 (1993), S. 59–79.

Brisson, Luc: *Einführung in die Philosophie des Mythos. Antike, Mittelalter und Renaissance*. Darmstadt: Wissenschaftliche Buchgesellschaft, 1996.

Bultmann, Rudolf: *Theologie des Neuen Testaments*. 5., durch einen Nachtrag erw. Aufl. Tübingen: Mohr, 1958.

Burkert, Walter: *Homo necans. Interpretationen altgriechischer Opferriten und Mythen*. 2., um ein Nachw. erw. Aufl. Berlin, New York: de Gruyter, 1997.

Campenhausen, Hans von: *Kirchliches Amt und geistliche Vollmacht in den ersten drei Jahrhunderten*. 2., durchges. Aufl. Tübingen: Mohr, 1963.

Cassirer, Ernst: *Das mythische Denken*. Bd. 2, Philosophie der symbolischen Formen. 5. Aufl. Darmstadt: Wissenschaftliche Buchgesellschaft, 1969.

Dassmann, Ernst: *Der Stachel im Fleisch. Paulus in der frühchristlichen Literatur bis Irenäus*. Münster: Aschendorff, 1979.

Foucault, Michel: *Archäologie des Wissens*. 5. Aufl. Frankfurt am Main: Suhrkamp, 1992.

Frank, Manfred: *Der kommende Gott*. Bd. 1, Vorlesungen über die neue Mythologie. Frankfurt am Main: Suhrkamp, 1982.

Gadamer, Hans-Georg: *Wahrheit und Methode. Grundzüge einer philosophischen Hermeneutik*. 4. Aufl. Tübingen: Mohr, 1975.

Gerstenberger, Erhard S.: *Das dritte Buch Mose. Leviticus*. Göttingen: Vadenhoeck & Ruprecht, 1993.

Girard, René: *Das Heilige und die Gewalt*. Frankfurt am Main: Fischer Taschenbuch Verlag, 1994.

—— *Ich sah den Satan vom Himmel fallen wie einen Blitz. Eine kritische Apologie des Christentums*. München: Hanser, 1999.

Groh, Ruth / Groh, Dieter: *Weltbild und Naturaneignung. Zur Kulturgeschichte der Natur*. Frankfurt am Main: Suhrkamp, 1991.

Harnack, Adolf von: *Marcion. Das Evangelium vom fremden Gott*. 2., verb. u. verm. Aufl. Leipzig: Hinrichs, 1924.

—— *Die Mission und Ausbreitung des Christentums in den ersten drei Jahrhunderten*. 4., verb. u. verm. Aufl. Leipzig: Hinrichs, 1924.
Hengel, Martin: Paulus in Arabien. In: M. H.: *Paulus und Jakobus. Kleine Schriften III*. Tübingen: Mohr Siebeck, 2002, S. 193–212.
Hesiod: *Theogonie*. Griechisch / Deutsch. Stuttgart: Reclam, 1999.
Hirsch, Eric D.: *Prinzipien der Interpretation*. München: Fink, 1972.
Homer: *Odyssee*. Deutsch von Wolfgang Schadewaldt. Zürich, Stuttgart: Artemis, 1966.
Horkheimer, Max / Adorno, Theodor W.: *Dialektik der Aufklärung*. Frankfurt am Main: Suhrkamp, 2003.
Hörisch, Jochen: *Gott, Geld, Medien. Studien zu den Medien, die die Welt im Innersten zusammenhalten*. Frankfurt am Main: Suhrkamp, 2004.
Iser, Wolfgang: *Die Appellstruktur der Texte. Unbestimmtheit als Wirkungsbedingung literarischer Prosa*. 3. Aufl. Konstanz: Universitätsverlag, 1972.
—— *Theorie der Literatur. Eine Zeitperspektive*. Konstanz: Universitätsverlag, 1992.
Janowski, Bernd: *Sühne als Heilsgeschehen. Traditions- und religionsgeschichtliche Studien zur Sühnetheologie der Priesterschrift*. 2., durchges. u. um einen Anhang erw. Aufl. Neukirchen-Vluyn: Neukirchener Verlag, 2000.
—— / Welker, Michael (Hrsg.): *Opfer. Theologische und kulturelle Kontexte*. Frankfurt am Main: Suhrkamp, 2000.
Jaspers, Karl: *Von der Wahrheit*. München: Piper, 1958.
Jauß, Hans Robert: *Literaturgeschichte als Provokation*. 5. Aufl. Frankfurt am Main: Suhrkamp, 1974.
Jochum, Uwe: Information oder Wissen und Gedächtnis. In: *Wolfenbütteler Notizen zur Buchgeschichte* 27 (2002), S. 145–157.
—— *Kritik der Neuen Medien. Ein eschatologischer Essay*. München: Fink, 2003.
Jonas, Hans: *Das Prinzip Verantwortung. Versuch einer Ethik für die technologische Zivilisation*. Frankfurt am Main: Suhrkamp, 1984.
Käsemann, Ernst: *Die Legitimität des Apostels. Eine Untersuchung zu II Korinther 10–13*. Darmstadt: Wissenschaftliche Buchgesellschaft, 1956.
—— *An die Römer*. 4., durchges. Aufl. Tübingen: Mohr, 1980.
Kant, Immanuel: *Prolegomena zu einer jeden künftigen Metaphysik, die als Wissenschaft wird auftreten können*. Hrsg. von Karl Vorländer. Hamburg: Meiner, 1969.

Kant, Immanuel: *Kritik der praktischen Vernunft.* Hrsg. von Karl Vorländer. Hamburg: Meiner, 1993.

—— *Kritik der reinen Vernunft.* Hrsg. von Raymund Schmidt. Hamburg: Meiner, 1993.

Kierkegaard, Sören: Über den Unterschied zwischen einem Genie und einem Apostel. In: *Kleine Schriften 1848/49.* Düsseldorf, Köln: Diederichs, 1960, S. 115–134.

Kraus, Georg: *Vorherbestimmung. Traditionelle Prädestinationslehre im Licht gegenwärtiger Theologie*. Freiburg, Basel, Wien: Herder, 1977.

Kremer, Jacob: *Der Erste Brief an die Korinther*. Regensburg: Pustet, 1997.

Langer, Annette: »Die will einfach nicht verrecken«. In: *Spiegel Online*. Hamburg, 28. Juni 2005 ⟨URL: http://www.spiegel.de/panorama/0,1518,362395,00.html⟩.

Lindemann, Andreas: *Paulus im ältesten Christentum. Das Bild des Apostels und die Rezeption der paulinischen Theologie in der frühchristlichen Literatur bis Marcion*. Tübingen: Mohr, 1979.

Lübbe, Hermann: *Religion nach der Aufklärung*. 3. Aufl. München: Fink, 2004.

Lüdemann, Gerd: *Antipaulinismus im frühen Christentum*. Bd. 2, Paulus, der Heidenapostel. 2. Aufl. Göttingen: Vandenhoeck & Ruprecht, 1990.

Michel, Otto: *Der Brief an die Römer*. 4., durchges. Aufl. Göttingen: Vandenhoeck & Ruprecht, 1966.

Niebelschütz, Wolf von: *Der blaue Kammerherr*. Frankfurt am Main: Suhrkamp, 1949.

Nietzsche, Friedrich: *Umwertung aller Werte*. 2. Aufl. München: Deutscher Taschenbuch Verlag, 1977.

—— November 1887 bis Anfang Januar 1889. In: *Sämtliche Werke. Kritische Studienausgabe*. Bd. 13, 2., durchges. Aufl. München: Deutscher Taschenbuch Verlag, 1980, S. 9–647.

Otto, Rudolf: *Das Heilige. Über das Irrationale in der Idee des Göttlichen und sein Verhältnis zum Rationalen*. 23. Aufl. München: Beck, 1936.

Otto, Walter F.: *Die Götter Griechenlands. Das Bild des Göttlichen im Spiegel des griechischen Geistes*. 8. Aufl. Frankfurt am Main: Klostermann, 1987.

Pfeiffer, Rudolf: *Geschichte der Klassischen Philologie. Von den Anfängen bis zum Ende des Hellenismus*. 2., durchges. Aufl. München: Beck, 1978.

Picht, Georg: *Wahrheit, Vernunft, Verantwortung. Philosophische Studien*. Stuttgart: Klett, 1969.

—— *Der Begriff der Natur und seine Geschichte*. Stuttgart: Klett-Cotta, 1989.

Platon: *Theätet*. Stuttgart: Reclam, 1989.

—— *Phaidon*. Griechisch – deutsch. Hamburg: Meiner, 1991.

—— *Menon*. Griechisch / Deutsch. Stuttgart: Reclam, 1994.

—— *Politeia*. Griechisch und Deutsch. 3. Aufl. Frankfurt am Main, Leipzig: Insel, 1999.

—— *Timaios*. Griechisch / Deutsch. Stuttgart: Reclam, 2003.

Przywara, Erich: *Logos. Logos, Abendland, Reich, Commercium*. Düsseldorf: Patmos, 1964.

Rendtorff, Rolf: *Studien zur Geschichte des Opfers im alten Israel*. Neukirchen-Vluyn: Neukirchener Verlag, 1967.

Riesner, Rainer: *Die Frühzeit des Apostels Paulus*. Tübingen: Mohr, 1994.

Rind, Michael M.: *Menschenopfer. Vom Kult der Grausamkeit*. 2. Aufl. Regensburg: Universitätsverlag Regensburg, 1998.

Rosenzweig, Franz: *Der Stern der Erlösung*. Bd. 2, Gesammelte Schriften. 4. Aufl. Haag: Nijhoff, 1976.

Schelkle, Karl Hermann: *Paulus. Leben — Briefe — Theologie*. Darmstadt: Wissenschaftl. Buchgesellschaft, 1981.

Schestow, Leo: *Athen und Jerusalem. Versuch einer religiösen Philosophie*. München: Matthes & Seitz, 1994.

Schrage, Wolfgang: *Der erste Brief an die Korinther*. Bd. 1–4, Zürich [u. a.]: Benziger [u. a.], 1991–2001.

Schreiber, Stefan: *Gesalbter und König. Titel und Konzeptionen der königlichen Gesalbtenerwartung in frühjüdischen und urchristlichen Schriften*. Berlin, New York: de Gruyter, 2000.

Schumacher, Leonhard: *Sklaverei in der Antike. Alltag und Schicksal der Unfreien*. München: Beck, 2001.

Sloterdijk, Peter: *Gottes Eifer. Vom Kampf der drei Monotheismen*. Frankfurt am Main: Verlag der Weltreligionen, 2007.

Söding, Thomas: Das Wortfeld der Liebe im paganen und biblischen Griechisch. In: *Ephemerides Theologicae Lovanienses* 68 (1992), S. 284–330.

—— *Das Liebesgebot bei Paulus. Die Mahnung zur Agape im Rahmen der paulinischen Ethik*. Münster: Aschendorff, 1995.

Stuhlmacher, Peter: *Der Brief an die Römer*. 15. Aufl. Göttingen: Vandenhoeck & Ruprecht, 1998.

Taubes, Jacob: *Die politische Theologie des Paulus*. 3., verb. Aufl. München: Fink, 2003.

Timm, Hermann: Remythologisierung? Der akkumulative Symbolismus im Christentum. In: Bohrer, Karl Heinz (Hrsg.): *Mythos und Moderne. Begriff und Bild einer Rekonstruktion*. Frankfurt am Main: Suhrkamp, 1983, S. 432–458.

Vattimo, Gianni: *Glauben – Philosophieren*. Stuttgart: Reclam, 1997.

Voegelin, Eric: *The ecumenic age*. Bd. 4, Order and history. Baton Rouge: Louisiane State University Press, 1974.

Wilckens, Ulrich: *Der Brief an die Römer*. Bd. 1–3, Neukirchen-Vluyn [u. a.]: Benziger [u. a.], 1978–1982.

Winter, Bruce W.: *After Paul left Corinth. The influence of secular ethics and social change*. Grand Rapids, Mich.: Eerdmans, 2001.

Wischmeyer, Oda: Liebe IV. Neues Testament. In: *Theologische Realenzyklopädie*. Bd. 21, Berlin: de Gruyter, 1977 ff., S. 138–146.

Wittgenstein, Ludwig: *Tractatus logico-philosophicus. Logisch-philosophische Abhandlung*. 15. Aufl. Frankfurt am Main: Suhrkamp, 1980.

Index